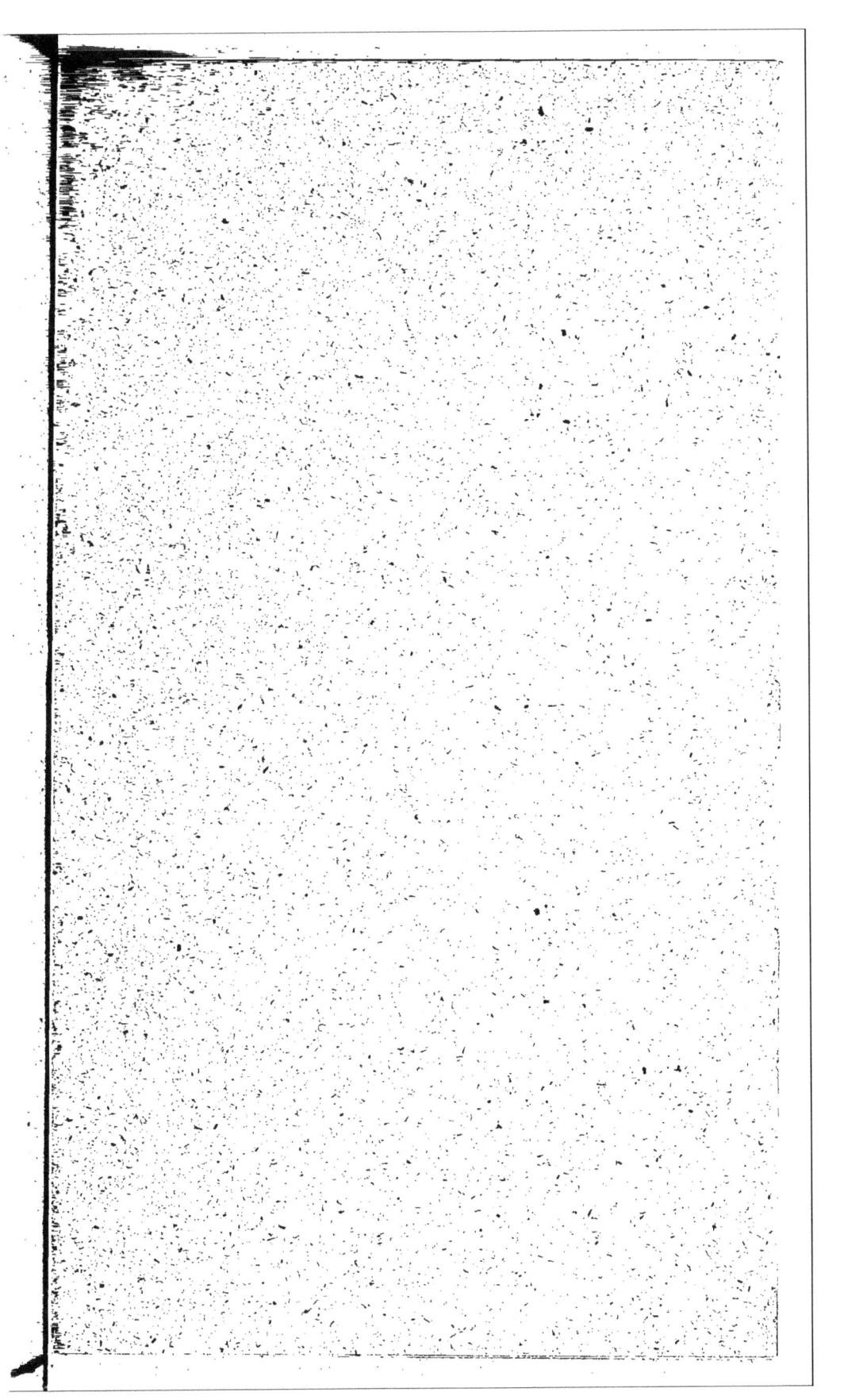

X

24019

DISCOURS

CONTRE LEPTINE.

ON TROUVE A LA MÊME LIBRAIRIE :

DÉMOSTHÈNE.

DISCOURS

CONTRE LEPTINE.

TRADUCTION FRANÇAISE

DE L'ABBÉ AUGER,

REVUE ET CORRIGÉE.

PARIS.

IMPRIMERIE ET LIBRAIRIE CLASSIQUES

DE JULES DELALAIN,

IMPRIMEUR DE L'UNIVERSITÉ ROYALE DE FRANCE,

RUE DES MATHURINS SAINT-JACQUES, 5.

M DCCC XLVI.

Tous les Exemplaires sont revêtus de ma griffe.

Jules Delabarre

DISCOURS

CONTRE LEPTINE.

Il y avait à Athènes certaines charges publiques qui induisaient en de grandes dépenses ceux qui les exerçaient. C'étaient particulièrement celles de chorège, de gymnasiarque et d'hestiateur, trois fonctions qui constituaient la partie ordinaire du service public appelé λειτουργία. Le *chorége* faisait les frais des acteurs, danseurs, chanteurs, joueurs d'instruments dans les jeux scéniques. Le *gymnasiarque* fournissait l'huile, la poudre et généralement tous les objets nécessaires dans les gymnases. L'*hestiateur* donnait, tous les jours de grande fête, un repas à sa tribu entière. On choisissait ces magistrats parmi douze cents λειτουργοί ou riches contribuables, dont chacune des dix tribus de l'Attique fournissait un dixième.

Chez un peuple magnifique comme les Athéniens, ces charges étaient fort onéreuses, et c'étaient un grand privilége d'en être affranchi. Aussi était-ce une récompense réservée à ceux qui avaient rendu à l'État quelque important service. Le peuple pouvait seul accorder cette immunité (ἀτέλεια), et il usa d'abord sobrement de ce droit ; mais insensiblement il devint moins difficile, et le nombre de ceux qui l'avaient obtenue pour eux et leurs descendants à perpétuité (condition ordinaire de cette faveur) s'était assez accru pour faire craindre que bientôt on ne manquât de λειτουργοί.

Leptine, Athénien sur lequel on ne sait rien de positif, mais qui, si l'on en juge par les ménagements dont l'orateur use à son égard, devait être un des personnages considérables de cette époque, voulut faire cesser cet abus. Il proposa et fit passer une loi conçue à peu près en ces termes : «Que les plus riches soient chargés de la λειτουρ-« γία ; que personne, absolument personne, citoyen, iso-« tèle ou étranger [1], n'en soit exempté, à l'exception des

1. Il y avait à Athènes trois sortes de personnes libres : les *citoyens* : πολῖται ou ἄστοι, qui jouissaient de tous les droits et priviléges ; les *étrangers domiciliés*, ξένοι ou μέτοικοι, qui payaient un droit annuel de 12 drachmes, appelé μετοίκιον ; enfin les *isotèles*, classe privilégiée de

« descendants d'Harmodius et d'Aristogiton, et des neuf
« archontes; qu'à l'avenir, le peuple lui-même ne puisse
« accorder cette exemption à qui la demanderait; et si
« quelqu'un la demande, qu'il soit noté d'infamie; que
« ses biens soient confisqués; qu'il puisse être déféré et
« saisi; et, s'il est reconnu coupable, qu'il soit passible
« des peines portées par la loi qui punit quiconque, étant
« débiteur du trésor, siége comme magistrat. »

Cette loi lésait bien des intérêts. Aussi, avant qu'une
année se fût écoulée, c'est-à-dire avant l'expiration du
délai pendant lequel l'auteur de toute loi nouvelle demeu-
rait ὑπεύθυνος, *responsable de sa loi*, Leptine fut mis en
accusation. Mais ses accusateurs, gagnés ou changeant
d'avis, se désistèrent, et le seul qui persistât, Bathippe,
mourut avant que l'affaire eût été portée devant les juges.
L'année se passa ainsi, et Leptine n'eut plus rien à redou-
ter personnellement; mais s'il était lui-même à l'abri des
poursuites, on pouvait encore attaquer sa loi en rem-
plissant certaines conditions ; c'est ce que firent Aphepsion, fils de Bathippe, et Ctésippe, fils de Chabrias, personnellement intéressé à ce que la loi fût rapportée.
Aphepsion prit pour avocat (συνήγορος) Phormion (orateur
qui n'est pas autrement connu), et Ctésippe choisit Démosthène. Aphepsion étant le plus âgé, avait, selon la
coutume observée au barreau d'Athènes, le droit de πρω-
τολογία. Son avocat parla le premier. Démosthène ne parla
qu'après lui : le discours qu'on va lire est celui qu'il pro-
nonça. C'est un des plus beaux de Démosthène; aussi
persuada-t-il les Athéniens, et Dion Chrysostome nous
apprend (*Rhodiac. Orat.* XXXI) que la loi fut abrogée.
Selon les conjectures de Wolff, fondées sur des raisons
fort plausibles, elle avait été portée la première année
de la cent-sixième olympiade, sous l'archontat d'Elpine,
et elle fut abrogée l'année suivante, sous l'archontat de
Callistrate, l'an de Rome 399, avant J. C. 355.

N. THEIL.

μέτοικοι, exempts du droit de 12 drachmes, mais en re-
vanche assujettis aux mêmes impôts, ἴσοις τέλεσι, que les
citoyens, dont ils avaient tous les droits (πάντα ἔχοντες τὰ
αὐτὰ τοῖς πολίταις, πλὴν τοῦ ἄρχειν) à l'exception de l'éli-
gibilité aux grandes magistratures.

DISCOURS

CONTRE LEPTINE.

1. Athéniens, c'est pour les intérêts du fils de Chabrias, et, principalement pour le bien de la république, qui demande la suppression de la loi de Leptine, que je me suis engagé à seconder de tout mon pouvoir les adversaires de cette loi. Il est évident que ni celui qui l'a portée, ni aucun de ceux qui entreprendront de la défendre, ne s'attacheront à vous en montrer la justice; mais on nous objectera que des citoyens, en obtenant les exemptions dont ils ne sont pas dignes, se sont soustraits aux charges publiques : c'est sur ce point qu'on insistera le plus.

2. Pour moi, sans m'arrêter à prouver ce qu'on a déjà fait voir, et ce qui doit vous paraître hors de doute, qu'il serait injuste d'ôter à tous les citoyens un privilége parce que quelques-uns en sont indignes, je demanderais volontiers à Leptine pourquoi, supposé même que tous ceux qui jouissent des exemptions en fussent indignes, il veut étendre aussi sur vous la rigueur de sa loi. Car, en voulant que personne ne soit exempt, il dépouille des exemptions ceux qui les ont obtenues.

3. Et, en ajoutant qu'il ne sera point permis par la suite de décerner les exemptions, il vous dépouille vous-mêmes du droit de les décerner. Or il ne pourrait dire que, comme il enlève un privilége à ceux qui en jouissent, parce qu'il ne les en croit pas dignes, il juge aussi que le peuple n'est pas digne

d'accorder à qui il voudra ses bienfaits. Il répliquera peut-être qu'il a porté sa loi parce que le peuple se laisse aisément tromper.

4. Qu'est-ce donc qui empêche, sur ce principe, qu'on ne vous dépouille de tous vos droits, et qu'on ne vous ôte absolument l'administration, puisqu'il n'est aucune partie où cet inconvénient n'ait lieu? Plus d'une fois, en vous trompant, on vous a fait confirmer des décrets nuisibles, ou préférer des alliances moins avantageuses; et, en général, dans la multitude des affaires qui vous occupent, il n'est guère possible que vous soyez à l'abri de toute surprise. Porterons-nous donc pour cela une loi qui défende et au sénat d'adopter un décret, et au peuple de le confirmer? je ne le pense pas. Au lieu de nous dépouiller d'un droit qu'on nous fait appliquer mal à propos, il serait juste de nous éclairer pour empêcher que nous ne soyons trompés, et de nous faire porter une loi, non qui nous enlève la disposition des grâces, mais qui nous autorise à punir celui qui nous trompe.

5. Que si, indépendamment de ces raisons, et considérant la chose en elle-même, on examine lequel est plus utile, ou que vous soyez maîtres d'accorder une faveur, au risque de la laisser tomber sur un mauvais citoyen, parce qu'on vous aura surpris; ou que vous ne soyez pas libres de récompenser même celui que vous saurez en être digne, parce que vous n'en aurez pas le pouvoir, on verra que l'un est beaucoup plus utile que l'autre. Pourquoi? c'est qu'en récompensant plus de citoyens qu'il ne faudrait, vous en exciterez du moins un certain nombre à vous bien servir, et qu'en ne récompensant pas ceux mêmes qui en sont dignes, vous éteindrez dans le cœur de tous le zèle pour le bien de l'Etat. De plus, et c'est une nouvelle raison, si l'on récompense quelqu'un qui ne le mérite point, on pourra passer pour facile; on passerait pour in-

grat, si l'on négligeait de payer un service. **Or**, autant il vaut mieux être taxé de facilité que d'ingratitude, autant il est plus à propos de rejeter la loi que de la confirmer.

6. Pour moi, plus j'y réfléchis, plus il me paraît déraisonnable de priver les bons citoyens de toute récompense, parce qu'il se rencontre quelques gens indignes des grâces qu'ils ont obtenues. Car si, malgré les faveurs réservées au mérite, il est encore, suivant Leptine, des hommes dépourvus de tout mérite, et qui en sont indignes, que sera-ce quand on ne gagnera rien à se rendre utile?

7. Vous devez encore faire attention qu'en vertu des lois observées depuis longtemps dans Athènes, lois dont Leptine lui-même ne peut contester la sagesse, tout homme obligé de remplir les charges publiques, passe une année sans en remplir aucune, de manière que chacun jouit, en quelque sorte, de la moitié des exemptions. Et un avantage dont vous accordez la moitié à tous sans distinction, à ceux mêmes qui ne vous ont rendu aucun service, vous en retirerez à ceux qui vous ont bien servis, l'autre moitié que vous leur aviez déjà donnée! non, car une telle conduite ne serait ni honnête ni digne de vous.

8. Comment, je vous prie, ne serait-il pas honteux qu'on eût porté une loi contre ceux qui tromperont dans les marchés publics, où la fraude ne peut nuire à l'Etat; et que, dans l'administration des affaires, la ville qui a imposé cette loi aux particuliers, pût se permettre de l'enfreindre et de tromper ceux qui l'ont servie utilement! Quel préjudice ne se porterait-elle pas à elle-même! Sans doute, Athéniens, vous devez être moins attentifs à ménager des intérêts de finances, qu'à vous maintenir dans une bonne renommée, à laquelle vous tenez bien plus qu'à l'argent; je ne dis pas seulement vous, mais encore vos ancêtres.

9. Vous le savez, pour acquérir de l'honneur ils ont épuisé leur trésor qui était fort riche. Point de danger auquel ils ne se soient exposés pour la gloire; ils lui sacrifiaient même leur fortune personnelle. Or la loi que j'attaque changerait en opprobre la réputation glorieuse dont jouit la ville d'Athènes; elle vous déshonorerait vous et vos ancêtres, et vous dénoncerait à tous les peuples, comme coupables à la fois des trois vices les plus honteux, de jalousie, de perfidie, d'ingratitude.

10. Mais qu'en général il ne soit pas dans vos mœurs de confirmer une telle loi, je vais vous en convaincre par un trait de générosité propre à cette république. Les trente tyrans avaient emprunté une somme aux Lacédémoniens pour faire la guerre aux exilés qui s'étaient saisis du Pirée. Lorsque la concorde eut été ramenée dans Athènes, et que tout fut rétabli, les Lacédémoniens envoyèrent redemander leur argent.

11. Cette demande occasionna quelques débats; les uns disaient que c'était à ceux qui étaient alors dans la ville à payer ce qu'ils avaient emprunté; les autres voulaient qu'on payât en commun, et qu'on donnât cette première preuve d'une réunion sincère. Le peuple, jaloux de ne violer aucun des articles du traité, se détermina à contribuer et à partager la dépense. Mais ne serait-il pas étrange que vous qui, pour être fidèles à vos engagements, avez consenti à acquitter de vos propres deniers la dette des oppresseurs de votre liberté, vous ne vous fissiez aucun scrupule d'y manquer, aujourd'hui que vous pouvez, sans aucune dépense, en abolissant la loi, vous montrer justes envers les bienfaiteurs de votre ville? non, je ne vous le conseille pas.

12. Tel fut donc l'esprit de notre république dans la circonstance dont je parle et dans plusieurs autres; généreuse, incapable de tromper, considérant plus

l'honneur que le plus grand intérêt de finances. Quant
à l'auteur de la loi, j'ignore quels sont ses sentiments
dans le reste ; je ne le connais ni ne l'attaque : en ne
le jugeant que d'après sa loi, je le trouve bien dif-
férent de vous. Mais il me semble que c'est plutôt à
Leptine à suivre votre exemple, en abandonnant la
loi qu'il a portée, qu'à vous de suivre le sien en la
confirmant. Oui, il est de son avantage et du vôtre
que la ville lui persuade de se régler sur elle, et non
qu'il persuade à la ville de se régler sur lui. Car
quelque honnête qu'on le dise, et je ne m'y oppose
pas, il ne l'emporte pas en vertu sur toute la ville
d'Athènes.

13. Au reste, vous serez plus en état de prononcer sur l'affaire présente, si l'on vous démontre que
la loi détruit ce qui seul fait le mérite des faveurs
dans les gouvernements démocratiques, ce qui les
rend préférables à celles des autres gouvernements.
A ne regarder que l'avantage actuel de celui qui re-
çoit, ce sont surtout les monarques et les princes qui
savent récompenser, puisqu'ils rendent tout à coup
riches qui ils veulent ; mais pour l'honneur et la sta-
bilité, les récompenses dans les démocraties l'empor-
tent de beaucoup.

14. Il est beau de ne pas devoir une grâce à la
bassesse ni à la flatterie, et d'être honoré parmi des
concitoyens qui nous estiment. Quelques faveurs
qu'on reçoive d'un maître, vaudront-elles jamais
l'avantage d'être considéré par des hommes libres,
nos égaux? Dans les autres Etats, la grandeur du
bienfait ne peut équivaloir à la crainte de le perdre ;
mais chez vous on jouit avec assurance de ce qu'on
a reçu ; on en jouissait du moins par le passé. Ainsi,
une loi qui ôte la sûreté aux grâces que notre ville
accorde, leur ôte ce qui seul leur donne un plus grand
prix. Et en général, dans un Etat quelconque, priver
de leur récompense les défenseurs zélés du gouver-

nement, c'est priver l'Etat lui-même de sa plus grande
ressource.

15. Leptine vous dira peut-être, pour vous faire
prendre le change, que les charges tombent maintenant sur des hommes pauvres, et qu'en vertu de
sa loi, elles seraient portées par les plus riches. Cette
raison est spécieuse ; mais, si on l'examine de près ,
on verra qu'elle est peu solide. Les charges pour lesquelles on peut obtenir les exemptions que veut
abolir Leptine, peuvent tomber, ou sur les citoyens, ou sur les étrangers. Par rapport à celles
qui concernent la guerre , et qui importent au salut
de la république , les contributions des biens et les
armements de vaisseaux, il est sagement et justement
établi, par les anciennes lois, que personne n'en sera
exempt, pas même ceux qui sont exceptés dans la
loi de Leptine, les descendants d'Harmodius et
d'Aristogiton.

16. Examinons donc combien, en recevant sa loi,
nous gagnerons de têtes pour les premières de ces
charges, et combien nous en perdrons , en la rejetant. Les plus riches , toujours chargés d'armer des
vaisseaux , sont , par là même , exempts de fournir
aux frais des chœurs de danse ou de musique. Les
citoyens qui n'ont pas le nécessaire, et qui, par là ,
sont exempts de toute espèce de charge , le sont ,
à plus forte raison , de celle-ci. La loi ne nous fait
donc gagner aucune tête parmi les uns ni les autres.
Mais, dira Leptine, nous en gagnons un grand nombre parmi les étrangers, pour ces mêmes charges qui
peuvent tomber sur eux. Mais s'il montre que nous
en gagnons cinq, qu'on dise, j'y consens , que je
déraisonne.

17. Je vais plus loin, et je suppose que, si la loi
passe, il y aura dix étrangers de plus, et même davantage, pour remplir les charges, et que nul citoyen
ne sera exempt d'armer un vaisseau. Eh bien ! que

gagnera la république , si tous , sans exception ,
remplissent les charges ? Sera-t-elle dédommagée de
l'infamie dont elle se couvrirait ? Il s'en faut de beaucoup; et en voici la preuve. Qu'il y ait dix étrangers
exempts ; assurément, comme je le disais tout à
l'heure , je ne pense pas qu'il y en ait cinq. De citoyens, il n'y en a pas plus de cinq ou six qui s'exemp-
tent ; ce qui fera seize. Mais j'en mets vingt , ou
même , si l'on veut, trente.

18. Combien faut-il d'hommes en tout pour remplir, chaque année, ces charges qu'on remplit tour à
tour , les charges de chorége , de gymnasiarque ,
d'hestiateur? il en faut soixante ou un peu plus.
Afin donc de gagner pour tout le temps, je dis même
trente hommes, perdrons-nous la confiance de tous
en général ? Ignorons-nous que, si la république sub-
siste , nous ne manquerons pas de sujets pour remplir les charges , et que personne ne voudra nous
rendre de services , si nous nous montrons injustes
envers ceux qui nous en ont déjà rendu ?

19. Mais enfin , quand nous manquerions d'hommes pour remplir les charges dont je parle , ne vaudrait-il pas mieux contribuer pour les frais qu'elles
exigent, comme pour les armements de vaisseaux ,
que d'ôter à ceux qui nous ont bien servis ce que
nous leur avons donné ? Oui, du moins à ce qu'il me
semble. En abolissant les exemptions, la loi de Leptine ne ferait qu'éloigner un peu la dépense pour ceux
qui ne sont pas exempts, et leur procurerait un délai
bien court, le temps où les charges seraient remplies
par ceux qui étaient exempts ; au lieu qu'une légère
contribution n'incommodera personne, quelque mé-
diocre que soit sa fortune.

20. Il y a des gens assez peu raisonnables pour
nous dire , sans essayer de répondre à ces raisons
solides, qu'il est triste de voir les finances de l'Etat
épuisées , tandis que des particuliers, qui ont obtenu
des exemptions, sont comblés de richesses. Ces deux

*1

reproches sont également injustes. En effet, si quelqu'un a amassé des biens considérables, sans nuire à personne, on ne doit pas lui porter envie. Si l'on prétend qu'il est redevable de sa fortune à des malversations, ou à quelque autre voie criminelle, qu'on le fasse punir en vertu de nos lois ; sinon , les accusateurs doivent se taire.

21. Quant à l'épuisement du trésor , considérez , je vous prie , que l'Etat n'en sera pas plus riche si on abolit les exemptions ; les frais qu'exigent des charges n'ayant rien de commun avec les revenus et l'opulence de l'Etat. Ajoutez que, des deux avantages dont peut jouir notre ville, les richesses et la confiance générale, la confiance qu'on a maintenant en elle, est le plus précieux. Si, parce que nous manquons d'argent, on croit que nous devons aussi renoncer à l'honneur, on se trompe fort. Je désire , certes , plus qu'aucun autre, de voir augmenter nos finances ; mais je souhaite surtout que nous conservions dans nos engagements la fidélité qui nous distingue.

22. Mais voyons ; je montrerai que l'augmentation même de la fortune de quelques particuliers, causée, à ce qu'on dira, par l'exemption des charges, tourne au profit de la république. Vous savez, sans doute, que personne n'est exempt de l'armement des vaisseaux , et des contributions pour la guerre. Celui qui a beaucoup , quel qu'il soit , donne nécessairement beaucoup pour ces deux objets, qui, de l'aveu de tout le monde, sont les plus essentiels, et dont il importe surtout à l'Etat que les fonds soient inépuisables. En effet, les dépenses pour les jeux procurent aux citoyens présents un spectacle de quelques heures, tandis que de bons préparatifs de guerre assurent pour toujours le salut de toute la ville.

23. Ainsi, vous abandonnez d'un côté , et vous reprenez d'un autre. Vous donnez à titre d'honneur ce qu'auraient sans cela ceux qui sont assez riches

pour fournir aux armements des vaisseaux. Quoique vous n'ignoriez pas, je le répète, que personne n'est exempt d'armer des vaisseaux, on va vous lire la loi même. Greffier, prenez la loi et faites-en lecture.

LOI.

« Personne ne sera exempt de l'armement des vaisseaux, excepté les neuf archontes. »

24. Voyez, Athéniens, comme la loi s'énonce clairement : *Personne*, dit-elle, *ne sera exempt, excepté les neuf archontes*. Ceux qui ne seront pas assez riches pour armer des vaisseaux, fourniront aux contributions pour la guerre. Ceux qui peuvent fournir aux armements, fourniront aussi aux contributions, et vous seront utiles sous l'un et l'autre rapport. Quel soulagement, Leptine, votre loi procure-t-elle donc au peuple, en ajoutant, à une ou deux tribus, un chorége, qui en sera quitte pour remplir une fois la charge qu'un autre aurait remplie? je ne le vois pas ; mais je vois la honte dont elle couvrira notre ville, et le défaut de confiance qu'elle lui attirera. Puis donc qu'elle fera plus de mal que de bien, ne suis-je pas fondé à soutenir qu'on doit la rejeter ?

25. De plus, comme la loi dit en propres termes que ni citoyen ni étranger ne seront exempts, et que, sans marquer de quelle charge ils ne seront pas exempts, elle dit simplement, *Personne, excepté les descendants d'Harmodius et d'Aristogiton*; comme, par ce mot *personne*, elle comprend tous les autres, et qu'en parlant d'étrangers, elle ne distingue pas ceux qui sont établis à Athènes, elle dépouille Leucon, prince du Bosphore, et ses enfants, du privilége que vous leur avez accordé. Leucon est étranger par sa naissance, et Athénien par votre faveur ; de sorte que, d'après la loi, il ne peut jouir des exemptions à au-

cun de ces deux titres. Cependant, tous ceux qui ont
servi la république d'Athènes, ne l'ont fait chacun
que dans certaines conjonctures; pour Leucon, remar-
quez qu'il vous rend des services qui reviennent sans
cesse, et des services dont notre ville peut le moins
se passer.

26. Aucun peuple, vous le savez sans doute, ne
fait une plus grande consommation que nous de blés
étrangers : or nous en tirons autant de la seule pro-
vince du Pont que de toutes les autres ensemble ;
ce qui se conçoit sans peine. Outre que ce pays est
très-fertile, Leucon, qui y règne, accorde à ceux
qui transportent ici du blé, exemption d'impôt, et le
privilége de charger les premiers. Car, s'il a reçu de
vous des exemptions pour lui et pour ses enfants, il
vous en accorde à vous d'une autre nature. Et voyez
combien les siennes sont importantes. Il exige un
trentième de ceux qui enlèvent des grains de ses États.

27. Nous prenons chez lui environ quatre cent
mille boisseaux, ainsi qu'on le voit par les registres
de nos pourvoyeurs ; il nous fait donc grâce de plus
de treize mille boisseaux. Et il est si éloigné de nous
retirer cette exemption, qu'il nous l'a accordée
même pour le nouveau marché qu'il vient d'établir
à Theudosie[1], lequel, au rapport de ceux qui l'ont
vu, n'est pas inférieur à celui du Bosphore. Je pourrais citer une foule de services que vous avez reçus
de lui et de ses ancêtres; sans parler du reste, il y
a trois ans, la disette s'était fait sentir dans toute la
Grèce : il nous envoya des grains en quantité suffi-
sante, et à si bas prix qu'il resta quinze talents à
Callisthène de l'argent qu'on lui avait remis pour faire
des provisions de blé.

28. Mais, je vous le demande, un prince qui a agi
avec vous de la sorte, que fera-t-il, quand il appren-

---

1. *Theudosie*, ville du Pont, suivant Etienne et Harpo-
cration.

dra que vous lui enlevez par une loi les exemptions,
et qu'à l'avenir vous ne serez plus libres de les lui
rendre? Ignorez-vous que la même loi qui le pri-
verait des exemptions dont il jouit, privera aussi
vos pourvoyeurs de celles dont il les fait jouir? Car
personne n'est assez simple pour croire qu'il vous
laissera les priviléges que vous tenez de lui, lorsque
vous lui retirerez ceux qu'il tient de vous. Outre
plusieurs préjudices que vous porterait la loi, elle
vous dépouillera donc d'une partie de vos ressources
actuelles. Et vous délibérez encore si vous la rejette-
rez! et vous n'êtes pas déterminés il y a longtemps!
Greffier, prenez les décrets mêmes portés en faveur
de Leucon, et faites-en lecture.

On lit les décrets.

29. Vous voyez, Athéniens, par les décrets, que
c'est avec justice que Leucon a obtenu les exemptions. Pour attester les priviléges que vous vous êtes
accordés mutuellement, vous avez érigé, vous et lui,
des colonnes, une au Bosphore, une autre au Pirée,
et une troisième au temple des Argonautes[1]. Or,
voyez de quelle infamie vous couvre une loi qui
rend tout un peuple moins fidèle et moins sûr qu'un
seul homme. Car ne pensez pas que les colonnes
aient été érigées à d'autres fins que pour être les
garants communs de nos exemptions réciproques.
On verra donc que Leucon remplit ses engagements
avec fidélité, qu'il continue à vous servir avec zèle,
tandis que vous rendrez inutiles les colonnes toujours subsistantes; ce qui sera bien plus révoltant
que de les abattre. Oui, nos grâces seront révoquées,
et les colonnes resteront, pour légitimer les reproches des ennemis de notre ville.

1. Ce temple était à l'entrée du Pont. On prétendait
qu'il avait été bâti par les Argonautes, à leur départ pour
la conquête de la toison d'or; on l'appelait en grec simplement *le temple,* ἱερόν.

que personne, moins par l'importance ou par l'éclat de ses services, que parce qu'il vous a obligés dans une conjoncture où il n'eût pas été facile de trouver un homme reconnaissant de bienfaits qu'il eût reçus de vous.

33. Il donna cent mines, comme l'annonce le décret porté en sa faveur, à nos citoyens faits prisonniers en Sicile; et c'est à lui principalement qu'on est redevable de ce qu'ils ne périrent pas tous de faim. Après cette libéralité de sa part, qui lui valut de la vôtre les exemptions, voyant que le peuple manquait d'argent dans la guerre qui précéda la nomination des Trente, il lui fit présent d'un talent qu'il s'empressa de lui offrir.

34. Or, je vous le demande, un homme peut-il manifester davantage sa bonne volonté pour vous, et mériter moins qu'on lui fasse une injustice, que de vous préférer dans vos calamités qui sont sous ses yeux, de vous préférer, vous et votre privilége, quel qu'il puisse être un jour, à vos ennemis vainqueurs, chez lesquels il se trouve; et ensuite, lorsqu'il vous voit dans un autre embarras, de vous donner avec empressement ce qu'il possède, moins occupé de conserver sa fortune, que de subvenir, autant qu'il est en lui, à vos besoins?

35. En retirant une grâce, qui n'était qu'une distinction honorifique, à un homme qui vous a rendu des services solides, dans des circonstances essentielles, et qui a partagé ses biens avec le peuple, vous ne lui ôterez pas les exemptions dont il ne paraît point avoir profité personnellement, vous vous ôterez à vous-mêmes la confiance générale : ce qui serait souverainement honteux. On va vous lire le décret porté alors pour Epicerde. Considérez quels décrets la loi infirmera, à quels hommes elle fera injustice, dans quelles circonstances ils vous ont obligés; et vous verrez qu'elle dépouille ceux qu'elle devrait ménager le plus. Lisez, greffier.

On lit le décret.

36. Vous venez d'entendre, Athéniens, les services pour lesquels Epicerde a obtenu les exemptions. Ne considérez pas qu'il n'a donné en deux
fois que cent mines et un talent. Ce qui doit tou-
cher, ce n'est point la grandeur de la somme, mais
l'empressement de celui qui la donne, et les circonstances dans lesquelles il oblige. Vous devez, Athéniens, payer de retour quiconque se porte de lui-
même à vous rendre des services, mais surtout celui
qui, comme Epicerde, vous a obligés dans vos besoins
pressants.

37. Et après cela, sans égard pour les services
du père, sans avoir rien à reprocher à ses enfants,
nous ne rougirons pas de priver ceux-ci d'une faveur qu'il a obtenue à si juste titre! Nous prétex-
terons que ceux qu'il a sauvés alors, et dont il a obtenu les exemptions, ne sont pas les mêmes que ceux
qui les lui retirent aujourd'hui. Cette circonstance,
loin de diminuer la honte et l'indignité de votre conduite, ne fera que l'augmenter encore. En effet, si
ceux qui ont été les témoins et les objets des libéra-
lités d'Epicerde, ont cru devoir les récompenser,
et que nous, par la raison seule qu'elles ne nous
sont connues que sur le rapport d'autrui, nous pensions devoir le dépouiller de sa récompense, comme
ne la méritant pas, ne serait-ce point le procédé le
plus indigne?

38. Je dis la même chose, et de ceux qui détrui-
sirent la tyrannie des Quatre cents, et de ceux qui
nous servirent utilement dans la retraite du peuple.
Il serait criant, suivant moi, qu'on changeât quelque chose à ce qui a été décidé en leur faveur. Si
vous êtes persuadés qu'Athènes est bien loin aujour-
d'hui de se trouver dans des positions aussi critiques,
vous devez souhaiter qu'elle ne s'y trouve jamais,
et je le souhaite moi-même. Mais considérez d'abord

que vous allez prononcer sur une loi à laquelle il
faudra se conformer, si elle est reçue ; ensuite, que
des lois mauvaises nuisent aux Etats mêmes qui paraissent le mieux constitués.

39. Arriverait-il tant de révolutions en bien ou
en mal, si, d'un côté, les Etats qui périclitent, n'é-
taient rétablis par de justes procédés, par de grands
hommes, par de bonnes lois et par de sages règle-
ments ; et si, de l'autre, ceux qui paraissent jouir
du bonheur le plus solide, ne se ruinaient peu à peu,
en négligeant ces principes de leur félicité ? C'est par
de sages conseils, c'est par une vigilance attentive
qu'on parvient à une fortune brillante ; mais on n'em-
ploie pas les mêmes voies pour s'y maintenir. Prenons garde de tomber dans ce défaut, et craignons
d'adopter une loi qui, dans la prospérité, couvrira
notre ville de honte, et qui, dans l'adversité, la laissera dépourvue de défenseurs.

40. Mais éviterons-nous de faire injustice seulement à ceux qui nous ont obligés en leur nom, et
qui nous ont secourus de leurs deniers dans toutes
les conjonctures essentielles que Phormion à détail-
lées avant moi, et que je viens de parcourir ? Ne
nous ferons-nous aucun scrupule d'être injustes envers beaucoup d'autres, qui, dans la guerre contre
Lacédémone, nous ont procuré l'alliance de villes
entières, leur patrie, qui ont servi notre république
par leurs discours et par leurs actions, et dont quelques-uns ont vu leur zèle pour nos intérêts payé
de l'exil ? Les premiers qui se présentent à mon
esprit sont les exilés de Corinthe, et je me trouve
obligé de rapporter des faits que j'ai appris de nos
aïeux.

41. Voici, entre plusieurs autres, une occasion
dans laquelle les hommes dont je parle nous ont servis utilement. Lors du grand combat contre les Lacédémoniens auprès de Corinthe, les habitants de

cette ville délibéraient, après la bataille, s'ils devaient exclure nos guerriers de leurs murs, et traiter de la paix avec les ennemis ; mais nos amis fidèles qui voyaient les Athéniens malheureux, et les Lacédémoniens maîtres des passages, ne nous abandonnèrent pas dans cette circonstance critique. Sans consulter leur sûreté particulière, quoique tous les Péloponnésiens en armes fussent près de Corinthe, ils nous en ouvrirent les portes malgré le peuple, et ils aimèrent mieux s'exposer à tout souffrir avec vos soldats, que de se tirer du péril en vous y laissant. Ils introduisirent vos troupes dans leurs murs, et vous sauvèrent ainsi, vous et vos alliés.

42. Lorsque le roi de Perse eut conclu avec les Lacédémoniens la paix d'Antalcide[1], ceux-ci, pour punir les Corinthiens des services qu'ils vous avaient rendus, les chassèrent de leur patrie. Vous les reçûtes dans votre ville, et, agissant par des principes d'honneur, vous ordonnâtes qu'on pourvoirait à tous leurs besoins. Et vous délibérez maintenant si on leur laissera ce qui leur a été donné ! Mais cette délibération-là même n'est-elle pas honteuse ? On dira donc que les Athéniens délibèrent s'ils laisseront à ceux qui les ont bien servis, ce qu'ils leur ont accordé eux-mêmes. Il y a longtemps que vous devriez avoir réfléchi là-dessus, et avoir pris votre détermination. Greffier, lisez-nous le décret pour les exilés de Corinthe.

On lit le décret.

43. Voilà, Athéniens, ce que vous avez statué en faveur de ceux qui, pour prix des services qu'ils

---

1. Antalcide, général de Lacédémone, fit avec les Perses, au nom de tous les Grecs, une paix qui était aussi honteuse pour ceux-ci que glorieuse pour ceux-là.

vous ont rendus, ont été bannis de Corinthe. Si
quelqu'un, instruit de ce qui s'est passé dans ces
circonstances, ou par ses propres yeux, ou par le
récit de témoins oculaires, entendait parler d'une
loi qui révoque les grâces qui furent accordées alors,
quel jugement porterait-il du peuple qui aurait
adopté une telle loi ? Dans le besoin, nous serons
donc généreux et prêts à tout faire ; et quand nous
aurons obtenu ce que nous souhaitons, nous nous
montrerons assez peu reconnaissants pour enlever
les grâces à ceux qui en jouissent, et pour porter une
loi qui défende d'en accorder par la suite !

44. Mais aussi, diront nos adversaires, quelques-
uns de ceux qui ont obtenu ces grâces n'en étaient
pas dignes ; car c'est là ce qu'ils répéteront sans
cesse. Mais ignorons-nous que c'est au moment où
nous donnons, que nous devons examiner si l'on
est digne, et non plusieurs années après. Refuser
d'abord une grâce, c'est quelquefois un trait de prudence ; la retirer quand on l'a accordée, c'est une
marque d'envie : passion à laquelle des Athéniens
doivent fermer tout accès dans leur cœur.

45. Quant à l'examen des personnes dignes ou
indignes, je ne craindrai pas de le dire, un Etat et
un particulier ne doivent pas y procéder de même,
parce que les objets sont différents. Comme particulier, chacun de nous considère celui qui est digne
d'obtenir son amitié et d'entrer dans son alliance ; et
c'est sur de certaines règles, et d'après l'opinion qu'il
se décide. Au lieu que les Etats récompensent celui
qui les sert et qui les sauve, quel qu'il soit ; et ce
qui détermine leur jugement, c'est l'action même,
et non l'opinion des hommes, ni la condition de la
personne.

46. Comment ! je vous prie, quand nous aurons
besoin d'un service, nous laisserons agir quiconque voudra nous le rendre, et quand nous l'aurons

reçu, nous examinerons le mérite de l'action! Quel procédé!

47. Mais les exilés de Corinthe sont-ils les seuls qui soient lésés par la loi? est-ce d'eux seulement que je veux parler? non, certes. Sans entreprendre de citer tous ceux qui vous ont rendu des services, et que la loi dépouillera de ce que vous leur avez donné, je ne rapporterai plus qu'un ou deux décrets, après quoi je finis sur cet article.

48. En abolissant les exemptions, ne ferez-vous pas une injustice à ceux des Thasiens qui suivirent Ecphante, et qui, vous livrant Thase¹ dont ils ouvrirent les portes à Thrasybule, après en avoir chassé à main armée la garnison lacédémonienne, vous procurèrent, avec l'amitié de leur patrie, l'alliance de plusieurs peuples de la Thrace? Ne ferez-vous pas une injustice à Archébius et à Héraclide qui livrèrent Byzance au même Thrasybule, et qui nous rendirent maîtres de l'Hellespont; en sorte que, vendant la dîme levée sur les marchandises, et ayant remis des fonds dans notre trésor, nous forçâmes les Lacédémoniens de faire une paix selon nos vœux?

49. Lorsqu'ensuite ces deux hommes furent chassés de leur ville, vous leur accordâtes, par un décret, ce que, sans doute, il convenait d'accorder à des amis fidèles qui se voyaient exilés à cause de vous, les titres d'hôtes publics et de bienfaiteurs, avec une exemption absolue. Et des hommes exilés à cause de nous, honorés par nous de faveurs bien méritées, nous souffririons qu'on les en dépouillât, et cela sans avoir sujet de nous en plaindre! ce serait une conduite trop honteuse.

50. Pour vous en faire sentir tout l'odieux, faites cette réflexion. Si quelques-uns des hommes qui do-

---

1. *Thase*, île de la mer Egée, dans la Thrace.

minent aujourd'hui dans Pydna, dans Potidée, ou dans les autres places qui sont soumises à Philippe et déclarées contre nous, comme Thase et Byzance qui étaient alors nos ennemies et amies de Lacédémone; si les chefs de ces places s'engageaient à vous les livrer, à condition que vous leur accorderiez les mêmes faveurs dont vous avez gratifié Ecphante le Thasien, et Archébius le Byzantin, et que les défenseurs de la loi s'y opposassent, sous prétexte qu'il est injuste que quelques étrangers établis à Athènes soient seuls exempts des charges ; dans quelle disposition les écouteriez-vous ? Assurément vous leur fermeriez la bouche comme à des brouillons, ennemis de vos intérêts. Mais ne serait-ce pas une honte que vous, qui, dans l'attente d'un service, regarderiez comme des brouillons, ennemis de vos intérêts, ceux qui s'opposeraient à ce qu'on récompensât l'auteur de ce service, vous fussiez portés aujourd'hui à écouter ceux qui veulent qu'on prive de leurs récompenses des hommes à qui vous avez d'anciennes obligations?

51. Examinons, en outre, pour quel motif ceux qui ont livré à Philippe Pydna, Potidée[1] et les autres places, ont cherché à nous nuire. Il est clair qu'ils ne l'ont fait qu'en vue des grandes faveurs qu'ils espéraient du monarque. Mais ne vaudrait-il pas mieux, Leptine, persuader à nos ennemis, si vous le pouviez, de n'accorder aucune faveur à ceux qui nous nuisent pour les servir, que de porter une loi qui enlève à ceux qui nous ont bien servis, les grâces que nous leur avons données ? Pour moi, c'est là mon sentiment. Mais afin de ne pas m'écarter de mon sujet, greffier, prenez les décrets portés pour les citoyens de Thase et de Byzance, et faites-en lecture.

1. *Pydna* et *Potidée*, villes sur les frontières de Macédoine, qui avaient appartenu aux Athéniens, et qui alors étaient soumises à Philippe.

On lit les décrets.

52. Vous venez d'entendre les décrets, ô Athéniens. Peut-être n'existe-t-il plus aucun des hommes pour lesquels ils ont été portés ; mais les services
existent toujours. Il convient donc de laisser subsister éternellement les colonnes qui les attestent,
pour qu'on ne fasse d'injustice à aucun de ceux qui
ont bien mérité de notre ville, tant qu'il en vivra
quelques-uns, et qu'après qu'ils seront tous morts,
elles restent comme un monument de notre générosité, une preuve publique et visible que nous sa-
vons reconnaître les services.

53. Eh ! quel déshonneur sera-ce pour Athènes,
si l'on voit, ou si l'on entend dire que les récompenses qu'ont méritées ces hommes en vous servant,
sont abolies ; et qu'il n'y a de durable que les malheurs qu'ils ont essuyés à cause de vous ! Il serait
bien plus à propos d'adoucir les malheurs en laissant subsister les grâces, que d'ôter les grâces,
quand les malheurs subsistent encore. Est-il quelqu'un, au nom des dieux, qui veuille désormais
vous rendre quelque service, quand il se verra
dans l'alternative, ou de subir sur-le-champ la
vengeance des ennemis, s'il ne réussit pas ; ou, s'il
réussit, de n'obtenir de notre part que des faveurs
peu sûres ?

54. Si je ne pouvais attaquer la loi qu'en mon-
trant qu'elle dépouille des exemptions beaucoup
d'étrangers qui ont servi notre république, sans
pouvoir nommer des citoyens d'Athènes qui soient
dignes de cette même récompense, ce serait pour
moi une peine trop sensible ; et j'en rougirais pour
ma patrie, à qui je souhaite toutes sortes de biens,
mais principalement des grands hommes et des citoyens utiles. Jetez d'abord les yeux sur Conon, et
voyez si, dans sa personne ou dans sa conduite, vous

trouverez quelque raison de révoquer une partie des grâces qu'il a obtenues.

55. Je ne dirai rien que ne puissent certifier plusieurs d'entre vous qui ont vécu de son temps. Après que le peuple fut revenu du Pirée, quoique la ville fût sans forces et sans vaisseaux, ce grand homme, à la tête des troupes du roi de Perse, ne recevant de nous aucun secours, vainquit sur mer les Lacédémoniens, accoutuma à nous obéir ce peuple qui commandait aux autres, et chassa des îles[1] leurs gouverneurs. De retour ici, il releva vos murs, et fut le premier qui vous mit en état de disputer de nouveau la prééminence à la république de Sparte.

56. L'inscription de la colonne sur laquelle on grava le décret, est conçue en des termes qui ne furent jamais employés que pour lui[2] : *Puisque Conon*, dit-elle, *a délivré les alliés d'Athènes*. Cette inscription lui fait honneur auprès de vous, et à vous auprès de tous les Grecs. En effet, lorsqu'un citoyen de votre ville procure aux autres peuples quelque avantage, c'est vous tous qui en recueillez la gloire. Aussi l'on ne se contenta pas alors de lui accorder les exemptions, on lui érigea une statue d'airain ; et l'on crut devoir honorer à l'égal d'Harmodius et d'Aristogiton[3] un homme qui, en détruisant l'empire de Lacédémone, nous avait délivrés d'une tyrannie non moins intolérable. Mais, pour vous rendre encore plus attentifs à ce que je dis, on va vous lire les décrets portés en faveur de Conon. Lisez, greffier.

1. Il s'agit des Cyclades et de quelques îles voisines, qu'on désignait souvent par le nom d'îles en général.

2. Dans les inscriptions, on ne nommait pas le général, mais le peuple seul qui avait remporté la victoire : ici Conon est nommé.

3. *Harmodius* et *Aristogiton*, citoyens d'Athènes, unis par l'amitié la plus étroite, avaient délivré leur patrie de la tyrannie d'Hipparque, en tuant le tyran.

On lit les décrets.

57. Vous n'êtes pas, Athéniens, les seuls qui ayez honoré Conon pour les exploits dont je parle : il le fut encore de plusieurs autres peuples qui crurent devoir reconnaître ses services. Mais ne serait-il pas indécent que, tandis que les récompenses qu'il a obtenues des autres Grecs lui seront toutes conservées, vous fussiez les seuls à le dépouiller de quelques-unes de celles qu'il tient de votre gratitude ? Ou conviendrait-il qu'après l'avoir récompensé pendant sa vie, et comblé de tous les honneurs dont vous venez d'entendre le détail, on lui ôtât, après sa mort, sans égard pour ces mêmes honneurs, une partie de ce qu'on lui avait accordé ?

58. Parmi beaucoup d'actions dignes de louange qu'il a faites, et qui toutes doivent lui assurer les grâces qu'elles lui ont values, la plus belle, sans contredit, est le rétablissement de nos murs. Pour s'en convaincre, il faut le comparer à Thémistocle, voir comment l'homme le plus illustre de son siècle conçut et exécuta une pareille entreprise.

59. Thémistocle conseilla au peuple de travailler sur-le-champ à rétablir les murs de la ville, et de retenir les envoyés qui arriveraient de Lacédémone, où il se rendit comme député. Sur ce qu'on rapportait que les Athéniens relevaient leurs murs, les Lacédémoniens ayant mis l'affaire en délibération, le député d'Athènes nia le fait, et leur proposa d'envoyer ici pour s'assurer de la chose. Comme les premiers qu'on avait fait partir ne revenaient pas, il les engagea à en envoyer d'autres. Il n'est aucun de vous, je pense, qui n'ait entendu dire de quelle manière il trompa les Lacédémoniens.

60. Je dis donc, et je vous conjure de ne pas prendre mes réflexions en mauvaise part, mais d'exami-

ner si elles sont justes; je dis qu'autant il est plus noble d'agir ouvertement que par des voies obliques, de réussir à force ouverte que par la ruse, autant il est plus honorable pour Conon que pour Thémistocle d'avoir relevé nos murailles. L'un l'a fait en trompant ceux qui voulaient s'y opposer, l'autre en les forçant d'y consentir. Conon mérite-t-il donc que vous lui fassiez une injustice? Et la mémoire de ce grand homme fera-t-elle moins d'impression sur vous que les discours des orateurs qui veulent vous persuader de révoquer une partie des récompenses qui lui ont été décernées.

61. Eh bien, soit; mais laisserons-nous ôter au fils de Chabrias les exemptions que son père a obtenues à si juste titre, et qu'il lui a laissées en héritage? Non, sans doute; et l'on ne pourrait qu'être révolté d'une pareille injustice. Vous savez tous, sans qu'il soit besoin de vous le dire, que Chabrias était un personnage rare; rien n'empêche cependant que je ne vous retrace, en peu de mots, ses principales actions.

62. Vous dirai-je comment, avec vos seules troupes, il a combattu, près de Thèbes, contre les Péloponésiens; comment il a tué, de sa propre main, Gorgope [1] à Egine; toutes les victoires qu'il a remportées auprès de Chypre, et, depuis, en Egypte; les courses qu'il a faites dans presque tous les pays du monde, où il s'est couvert de gloire lui et sa patrie? Il ne serait pas facile de parler dignement de ses exploits; et si j'en faisais mention, il serait honteux de rester au-dessous de l'idée que vous en avez vous-mêmes. Ce qu'il est impossible d'affaiblir par le récit, je vais vous le présenter dans un court exposé.

1. *Gorgope*, ou *Gorgopas*, général des Lacédémoniens, qui s'était retiré dans Egine pour la défendre; il fut vaincu et tué par Chabrias.

63. Il a vaincu les Lacédémoniens dans une bataille navale, et leur a pris quarante-neuf vaisseaux ; il vous a conquis la plupart des îles, et, d'ennemies qu'elles étaient, il les a rendues vos amies ; il a amené ici trois mille prisonniers, et porté au trésor plus de cent dix talents, produit du butin : les plus anciens d'entre vous me sont témoins de tout ce que j'avance.

64. Je ne parle pas de plus de vingt navires qu'il a pris en différentes fois, et amenés tous dans vos ports. Je dis, en un mot, que, de tous les généraux, il est le seul qui n'ait perdu, lorsqu'il vous commandait, ni ville, ni place forte, ni galère, pas même un soldat. Aucun de vos ennemis n'a érigé de trophée contre vous, quand vous avez combattu sous ses ordres ; et sous sa conduite vous en avez érigé un grand nombre contre beaucoup d'ennemis. Mais, pour n'omettre aucun de ses exploits, on va vous lire un mémoire où sont mentionnés les vaisseaux qu'il a pris, et les lieux où il les a pris, les villes qu'il a conquises, les sommes dont il a enrichi le trésor, les pays où il a érigé des trophées. Lisez, greffier.

On lit un mémoire mentionnant les exploits de Chabrias.

65. Un homme qui a conquis tant de villes ; qui, vainqueur sur mer, a pris tant de vaisseaux aux ennemis ; qui a comblé sa patrie de gloire, et d'une gloire pure et sans tache, vous semble-t-il, Athéniens, mériter qu'on lui retire les exemptions qu'il a reçues de vous, et qu'il a transmises à son fils ? je ne le pense pas ; une telle conduite serait trop peu raisonnable. S'il eût perdu une seule ville et dix vaisseaux, peut-être eût-il été accusé de trahison : et, supposé qu'on l'eût jugé coupable, il eût été proscrit sans retour. Mais, vous le voyez d'après le

mémoire, il a conquis seize villes, pris soixante et dix vaisseaux, fait trois mille prisonniers, remis au trésor cent dix talents, remporté une foule de victoires éclatantes; et vous pourriez après cela révoquer quelqu'une des faveurs que lui ont obtenues ces exploits !

66. Il les mérita, ces faveurs, autant pour s'être consacré à votre service, pendant tout le cours de sa vie, que par la fin honorable de cette même vie qu'il vous a sacrifiée. Vous devez donc être favorables au fils, non-seulement pour les actions qu'a faites le père, lorsqu'il vivait, mais, de plus, pour le genre de mort qui nous l'a enlevé. Craignez, Athéniens, craignez de vous laisser vaincre en reconnaissance par les habitants de Chio. Lors même que Chabrias venait attaquer leur ville[1], ceux-ci ne songèrent à révoquer aucune des grâces qu'ils lui avaient accordées précédemment; ils eurent plutôt égard à des bienfaits anciens, qu'à des offenses présentes; et vous, pour qui il est mort en combattant contre eux, au lieu d'ajouter quelques honneurs pour ce dernier service, vous retrancheriez même une partie de ce que ses services passés lui avaient mérité de votre part! Un tel procédé ne devrait-il pas vous couvrir de honte?

67. Mais ce qui rendrait encore moins supportable le traitement fait au fils, si on lui retirait les exemptions, c'est que, sous les ordres du père, quoiqu'il vous ait souvent commandés, aucun de vos enfants n'est devenu orphelin, tandis que lui, par zèle pour votre gloire, a laissé son fils orphelin dans l'enfance. Car ce grand homme me semble avoir été animé d'un amour si vif et si sincère pour ses concitoyens, qu'estimé avec justice le général le plus prudent, il fit usage de sa prudence

---

1. Dans la guerre appelée Sociale, où Chio fut une des villes qui se soulevèrent contre les Athéniens.

quand il les conduisit au combat, pour ménager
leur vie ; et que, lorsqu'il combattit à son rang,
avec les autres, sans aucun titre, il n'épargna
point la sienne ; il aima mieux mourir que de rien
faire qui avilît les honneurs qu'il tenait de ses compatriotes.

68. Et ces mêmes honneurs pour lesquels il a cru
qu'il devait vaincre ou mourir, nous les retirerions à
son fils ! Et que penser, Athéniens, si, lorsque les
trophées qu'il a érigés quand il commandait pour
vous, sont encore exposés aux regards des peuples,
vous révoquez quelqu'une des faveurs qui en sont
la récompense ? Réfléchissez qu'il ne s'agit pas ici
de la loi, mais de vous-mêmes ; qu'il va être décidé,
non pas si la loi est utile ou non, mais si vous mériterez ou non, par la suite, qu'on vous rende des
services. Greffier, prenez les décrets portés pour
Chabrias ; voyez, cherchez ; ils doivent être ici quelque part.

69. Ecoutez encore un mot, Athéniens, au sujet
de Chabrias. Dans le temps où vous récompensiez
Iphicrate, vous ne l'honorâtes pas seul, vous étendîtes, à cause de lui, vos grâces sur Strabax et
sur Polystrate ; de même, lorsque vous accordiez les
exemptions à Timothée, vous accordâtes en sa faveur le titre de citoyen à Cléarque et à quelques
autres : pour Chabrias, vous l'avez récompensé seul.
Mais, lorsqu'il obtenait de vous les exemptions, s'il
vous eût demandé de faire pour lui ce que vous aviez
fait pour Iphicrate et pour Timothée, d'accorder des
grâces en sa faveur à quelques-uns de ceux contre
lesquels on s'élève, parce qu'ils ont obtenu les
exemptions, et à cause desquels on veut en dépouiller tous ceux qui en jouissent, vous ne l'eussiez pas
refusé certainement.

70. Et vous lui retireriez, en ce jour, les exemptions, à cause de ceux mêmes auxquels vous auriez
alors accordé des grâces en sa faveur ! non, l'incon-

séquence serait trop visible. Il ne faut pas qu'on pense de vous, que vous êtes empressés, lorsqu'on vous rend des services, à récompenser non-seulement ceux qui vous les rendent, mais encore leurs amis, et que vous leur ôtez à eux-mêmes, quelque temps après, ce que vous leur avez donné.

On lit les décrets concernant les honneurs accordés à Chabrias.

71. Voilà, Athéniens, outre plusieurs autres dont dont je vous ai déjà parlé, les hommes auxquels vous ferez injustice, si vous adoptez la loi. Examinez, je vous prie, et voyez quelle serait la juste indignation de ces illustres morts, s'ils pouvaient apprendre la manière dont nous procédons aujourd'hui. Quoi donc ! ce ne sera point par les choses mêmes, mais d'après de faibles expressions, que vous jugerez des services importants qu'ils vous ont rendus ! Les belles actions qu'ils ont faites, et les travaux qu'elles leur ont coûtés, seront perdus pour eux, parce qu'ils seront défigurés dans nos discours ! Pourrait-on imaginer un sort plus triste ?

72. Mais, pour vous convaincre que je parle avec droiture et sincérité, sans aucun dessein de vous surprendre ni de vous induire en erreur, on va vous lire la loi que je veux substituer à celle que je combats. Vous verrez que j'ai pourvu, avec attention, à ce que vous ne fissiez rien de honteux, à ce qu'on citât devant vous, pour le dépouiller de son privilége, quiconque serait taxé, avec justice, de ne pas le mériter, et à ce qu'on ne retirât point les grâces à ceux qui les méritent incontestablement.

73. Je n'invente rien ici d'extraordinaire ; je me conforme à une ancienne loi que viole Leptine, laquelle veut que « quand on portera des lois nouvelles, on attaque la loi où l'on trouvera quelque défaut ; qu'on en propose une autre qui l'abroge, et que les

Athéniens, après avoir examiné l'une et l'autre, choisissent la meilleure. » Solon, qui prescrit cette règle et cette conduite, n'a pas cru que tandis que les thesmothètes, choisis par le sort pour veiller aux lois, ne pouvaient entrer en exercice qu'après avoir subi un double examen, l'un dans le sénat, et l'autre devant votre tribunal, les lois en vertu desquelles eux et tous les autres doivent exercer leurs charges et gouverner l'Etat, dussent être adoptées sur-le-champ, sans réflexion et sans examen.

74. Alors, sans doute, lorsqu'on suivait cette règle dans l'établissement des lois, on observait les lois anciennes, sans s'occuper à en porter de nouvelles. Mais depuis que des ministres en crédit, comme je l'apprends de nos vieillards, se furent arrogé le pouvoir de porter des lois, quand il leur en prenait envie et comme ils le jugeaient à propos, il en est résulté une si grande foule de lois opposées entre elles, que, quoique vous ayez nommé, il y a longtemps, des commissaires pour les recueillir toutes, ils n'ont pu encore finir cet ouvrage. Les lois ne diffèrent pas des décrets; en sorte qu'il est des lois plus nouvelles que les décrets mêmes qui, selon la loi, ne peuvent avoir force que pendant un an. Mais, afin de ne pas m'en tenir à des paroles, je vais vous faire lire la loi dont je parle. Greffier, prenez la loi qu'on suivait jadis pour l'établissement des nomothètes. Lisez.

On lit la loi.

75. Vous voyez, Athéniens, la sagesse avec laquelle Solon ordonne de procéder dans l'établissement des lois. D'abord, la loi nouvelle doit être portée devant les juges qui sont choisis par le peuple, qui ont prêté serment, et au tribunal desquels toutes les ordonnances se confirment[1]. Ensuite, il faut

1. C'est des nomothètes que Démosthène veut ici par-

abroger les lois contraires, pour qu'il n'y en ait qu'une seule sur chaque objet particulier. Ainsi les personnes peu versées dans les lois, n'éprouvent aucun embarras; celles qui les connaîtraient toutes, n'ont aucun avantage; mais chacun a la facilité de les lire, et de s'instruire, par lui-même, dans une jurisprudence simple et claire. Le législateur ordonne encore que l'on commence par afficher la loi, et qu'on la remette à un greffier qui doit en faire lecture dans les assemblées du peuple, afin que chacun de vous, l'ayant entendu lire à plusieurs reprises, et l'ayant examinée à loisir, prononce suivant ce qui lui paraîtra le plus juste et le plus avantageux.

76. De toutes ces formalités que dicte la raison, Leptine n'en a observé aucune. S'il l'eût fait, je ne pense pas qu'il vous eût jamais persuadé d'adopter sa loi. Pour nous, Athéniens, nous les avons observées toutes, et nous vous proposons une loi beaucoup plus juste, beaucoup plus utile que la sienne, comme vous en allez juger par la lecture. Greffier, prenez d'abord la loi de Leptine, et lisez les articles que nous attaquons; vous lirez ensuite ceux que nous mettons à la place. Lisez.

On lit la loi de Leptine.

77. Voilà les articles de la loi que nous attaquons; voici ceux que nous mettons à la place, comme meilleurs à tous égards; soyez attentifs, Athéniens, à ce qu'on va vous lire. Lisez, greffier.

ler : ils étaient au nombre de mille et un : c'était à eux à décider en dernier ressort et de l'abrogation de la loi ancienne, et de l'établissement de la loi nouvelle.

On lit la loi de Démosthène.

78. C'est assez. Parmi nos lois reçues, il en est une fort sage, qui porte, en termes formels, que les faveurs accordées par le peuple seront irrévocables : rien de plus juste assurément. Avant de porter sa loi, Leptine devait donc attaquer celle dont je parle, et en demander l'abrogation. En proposant la loi nouvelle sans détruire l'ancienne, celle-ci, qu'il laisse subsister, dépose de son infraction aux lois, puisqu'il existe une autre loi qui statue que, si une loi nouvellement proposée, est contraire à quelqu'une de celles précédemment établies, par cela même on pourra l'attaquer. Greffier, prenez cette loi, et lisez-la.

On lit la loi.

79. Que les faveurs accordées par le peuple soient irrévocables, et que nul de ceux à qui le peuple a accordé les exemptions, ne soit exempt, n'est-ce pas une contradiction? oui, et elle ne peut être plus frappante. Il n'en est pas ainsi de la loi que je propose. Sans révoquer les grâces que vous avez accordées, elle permet d'attaquer juridiquement, ou ceux qui les auraient obtenues de vous par surprise, ou ceux qui depuis auraient commis des fautes graves, ou, en un mot, ceux qui en seraient indignes. Elle vous fournit un moyen légitime de dépouiller des exemptions quiconque vous jugerez à propos. Greffier, lisez la loi que je substitue à celle de Leptine.

On relit la loi de Démosthène.

80. Vous l'entendez, Athéniens, et vous le comprenez : cette loi, sans dépouiller de vos bienfaits ceux qui les méritent, vous permet de les ôter à ceux qui les auraient obtenus sans les mériter; et, pour

l'avenir, elle vous laisse les maîtres, comme il est juste, d'accorder ou de refuser ce que vous jugerez convenable. Leptine ne pourra dire, je pense, que cette loi n'est pas juste et sage, et, quand il le dirait, il ne pourra le prouver ; mais il répétera un propos qu'il tenait devant les thesmothètes, et par lequel il tâchera de vous séduire.

81. Il disait donc que c'était par feinte que nous proposions notre loi, et que, si la sienne était rejetée, nous ne ferions point passer la nôtre. Je ne dirai pas que, si la loi est rejetée, celle que nous proposons est dès lors admise, d'après la disposition expresse d'une ancienne loi, en vertu de laquelle les thesmothètes nous ont permis de présenter la nôtre. J'omets cette raison, qui pourrait être contredite, et voici ce que je réponds à Leptine.

82. En parlant comme il fait, il avoue que notre loi est meilleure, à tous égards, que la sienne, et il craint seulement que nous ne négligions de la faire passer. Mais, outre qu'il y a plusieurs moyens de forcer celui qui la présente, de la faire recevoir, s'il ne le voulait pas, nous nous engageons à la faire passer, Phormion, moi, et tel autre qu'il voudra. Or il est ici une loi qui condamne aux plus rigoureuses peines celui qui manque aux engagements pris avec le peuple, avec le sénat, ou avec un tribunal.

83. Nous promettons donc de porter la loi, nous nous y engageons ; que les thesmothètes en prennent acte, et que tout soit terminé en conséquence. Qu'on ne vous force pas, Athéniens, de vous déshonorer ; qu'on ne laisse pas à un homme les exemptions qu'il aura obtenues sans en être digne, mais qu'on lui fasse son procès d'après la loi que nous proposons. Si Leptine prétend que ce sont encore là de vaines paroles, eh bien ! qu'il porte lui-même la loi : ce ne sont plus là des paroles, et qu'il cesse

* 2

de dire que je refuserai de la porter. Il vaut mieux, sans doute, qu'il présente une loi que vous avez déjà approuvée, que d'en porter une de son chef.

84. Pour moi, il me semple que Leptine (qu'il ne s'offense pas, je ne dirai rien qui lui soit injurieux); il me semble, dis-je, qu'il n'a pas lu les lois de Solon, ou qu'il ne les a pas comprises. Solon a porté une loi qui permet de donner ses biens à qui l'on voudra, si l'on n'a pas d'enfants légitimes ; non qu'il ait prétendu priver les plus proches parents des droits de proximité ; mais, en ouvrant un champ libre aux donations mutuelles, il a voulu exciter parmi nous l'envie de nous faire du bien réciproquement. Vous, au contraire, Leptine, vous avez porté une loi qui défend au peuple d'accorder aucune des grâces qui dépendent de lui. Mais pouvez-vous dire que vous ayez lu les lois de Solon, ou que vous les ayez comprises, vous qui privez le peuple d'hommes empressés à le servir, en déclarant que ceux qui lui rendront quelque service, n'en recevront aucune récompense?

85. Voici une autre loi de Solon, qui passe pour être une des plus belles : « Nul ne dira du mal d'un mort, pas même s'il s'entend dire des injures par ses enfants. » Vous, vous ne dites pas du mal de ceux qui ont servi la patrie, et qui sont morts, vous leur en faites ; vous dépouillez de leurs priviléges des hommes qui n'ont rien de commun avec tels ou tels dont vous vous plaignez, et que vous prétendez être indignes de ces mêmes priviléges. N'est-ce donc point là s'écarter entièrement de l'esprit de Solon?

86. On est venu me dire très-sérieusement qu'afin de prouver qu'on ne devait accorder de privilége à qui que ce fût, et pour quelque action que ce pût être, nos adversaires se préparaient à donner pour raison, que, ni les Lacédémoniens si sagement gouvernés, ni les Thébains, n'accordaient chez eux de pareilles ré-

compenses, et que toutefois ils ne manquaient pas de grands hommes.

87. De tels discours paraissent spécieux et fort propres à vous persuader d'abolir les exemptions, mais ils ne sont nullement solides. Ignore-t-on, en effet, que les lois, les coutumes et le gouvernement des Thébains et des Lacédémoniens, sont différents des nôtres? Par exemple, il n'est pas permis à Lacédémone d'agir comme feront nos adversaires, s'ils tiennent le langage que je dis, de louer les usages des Athéniens ou des autres peuples. Tant s'en faut qu'on y ait cette licence, qu'il n'est libre d'y faire et d'y louer que ce qui contribue au maintien du gouvernement.

88. D'ailleurs, quoique les coutumes de Lacédémone ne soient pas les mêmes que celles d'Athènes, on accorde aussi dans cette ville des récompenses, que le peuple de la nôtre serait bien fâché qu'on introduisît parmi nous. Et quelles sont ces récompenses? sans les parcourir en détail, je n'en citerai qu'une seule, qui les renferme toutes. Lorsqu'on s'est comporté de manière à être admis dans le sénat, on est maître absolu du peuple; car à Lacédémone le prix de la vertu est de partager l'autorité souveraine avec un petit nombre d'égaux; au lieu que chez vous la souveraineté appartient au peuple, et l'on a établi des lois et des magistrats pour empêcher que d'autres ne l'usurpent: les couronnes, les exemptions, les pensions, sont la récompense du mérite.

89. L'un et l'autre est bien ordonné chez vous et à Lacédémone. Pourquoi? c'est que ce qui entretient l'union dans les gouvernements oligarchiques, c'est l'égalité de pouvoir dans tous ceux qui partagent l'autorité suprême; et que ce qui maintient la liberté dans les démocraties, c'est l'émulation excitée entre les hommes de mérite par les grâces que le peuple distribue.

90. A l'égard des Thébains, qui, dit-on, ne ré-compensent personne, on peut dire avec vérité qu'ils se piquent d'être durs et injustes, plus que vous d'être humains et équitables ; et, s'il faut faire des vœux, puissent-ils continuer à n'accorder ni honneurs ni considération à ceux qui leur rendent des services, et à traiter, comme ils font, les Orchoméniens [1], et tous ceux qui leur sont unis par les liens du sang ! Vous, au contraire, puissiez-vous ne pas cesser d'honorer quiconque vous a bien servis, et d'engager vos citoyens, par des voies légitimes et raisonnables, à s'acquitter de ce qu'ils vous doivent !

91. Je crois, en général, que pour être en droit de louer les usages et les lois des autres peuples et de blâmer les vôtres, il faudrait montrer que ces peuples jouissent d'une plus grande prospérité que vous. Mais puisque, grâces au ciel, vous êtes dans un état plus florissant, puisque vous l'emportez sur eux, soit pour les opérations publiques, soit pour l'union mutuelle des citoyens, soit à beaucoup d'autres égards ; pourquoi, rejetant vos usages, adopteriez-vous ceux d'autrui ? Oui, quand même, par le raisonnement, ceux d'autrui seraient jugés meilleurs, vous devez garder les vôtres, par la seule raison que la fortune, depuis que vous les suivez, vous a été favorable.

92. Pour conclure par une réflexion qui me paraît solide, on ne doit pas vous citer les lois de Thèbes et de Lacédémone pour vous porter à détruire celles d'Athènes ; ni vous non plus vous ne devez pas écouter ceux qui vous conseillent d'abolir ce qui chez vous fait la prospérité du peuple, tandis que vous êtes prêts à punir de mort quiconque entreprendrait d'établir dans notre ville les usages des États oligarchiques et monarchiques ; usages qu'ont

1. *Orchoméniens*, habitants d'Orchomène, ville de Béotie, que les Thébains, chefs de cette contrée, tenaient dans l'oppression.

adoptés les Lacédémoniens et les Thébains, et par lesquels ils se sont agrandis.

93. Il est une raison facile à trouver, c'est que chez nous, du temps de nos ancêtres, il y eut des hommes qui rendirent à la patrie d'importants services, et qui, sans être gratifiés d'aucune des faveurs qu'on voudrait abolir, se contentaient d'une inscription gravée sur une statue de Mercure [1]. Peut-être même qu'on vous lira quelqu'une de ces inscriptions. De pareils discours ne peuvent que nuire à la république en plusieurs manières, et d'ailleurs ne sont pas fondés. En effet, si l'on soutient que, même du temps de nos ancêtres, il n'y eut personne qui fût digne d'obtenir des récompenses, qu'on nous dise donc qui en est digne, s'il n'y en a point eu par le passé, et s'il n'y en a point à présent. Que si l'on attaque tous les temps sans distinction, je plaindrai le sort d'Athènes qui, jusqu'à ce jour, n'a pu trouver un seul citoyen digne d'obtenir des grâces. Avoue-t-on qu'il y eut jadis de grands hommes, et prétend-on qu'ils ne furent pas récompensés? c'est taxer la patrie d'ingratitude.

94. Mais il n'en est pas ainsi, non, il s'en faut bien. Lorsque, usant d'artifice, on rapproche des temps éloignés qui ne se ressemblent pas, on embrouille nécessairement les choses les plus claires. Voici ce qu'il y a de vrai et ce qu'on peut avouer : Athènes produisit jadis de grands hommes, et elle savait payer les services ; mais les récompenses, comme tout le reste, ont changé, et ont suivi les vicissitudes des temps. Et de quel côté est l'avantage? Anciennement, je puis le dire, ceux qui avaient servi la république, obtenaient d'elle tout ce qu'ils pouvaient désirer.

95. En voulez-vous une preuve? On donna à Lysimaque, un des hommes utiles de ce temps-là,

1. La plupart des statues de Mercure, appelées *hermès*, étaient des bois ou des pierres carrées, sur lesquels étaient placées des têtes de Mercure.

deux cents arpents de terre dans l'Eubée, dont cent plantés et cent labourables. On y ajouta une somme d'argent de cent mines, et une pension de quatre drachmes par jour. Tous ces détails sont consignés dans un décret d'Alcibiade, porté à ce sujet. Alors notre ville était riche en argent et en terres : aujourd'hui, pour ne rien dire de désagréable, il faut espérer qu'elle le deviendra. Au reste, je le demande, qui ne préférerait le tiers de ces gratifications aux priviléges qu'on voudrait vous faire supprimer? Mais pour preuve que je dis vrai, greffier, prenez le décret d'Alcibiade, et faites-en lecture.

On lit le décret.

96. Ce décret, ô Athéniens, prouve que vos ancêtres étaient aussi dans l'usage de récompenser les services : savoir s'ils ne les récompensaient pas de même que nous, c'est une autre question. Mais quand j'accorderais que ni Lysimaque, ni aucun autre, n'ont rien obtenu de nos ancêtres, serions-nous fondés pour cela à dépouiller quelqu'un des récompenses dont nous l'avons gratifié?

97. Ce ne sont point ceux qui n'ont pas donné, parce qu'ils ne l'ont pas jugé à propos, qui sont répréhensibles; mais ceux qui, sans de justes raisons, retirent ce qu'ils ont donné eux-mêmes. Si l'on pouvait montrer que nos ancêtres ont dépouillé quelqu'un des grâces qu'ils lui avaient décernées, je vous passerais d'agir comme eux, quoique au fond le procédé n'en serait pas plus honnête. Mais si l'on ne peut montrer qu'on ait rien fait de pareil en aucun temps, pourquoi serions-nous les premiers à offrir un tel exemple?

98. Songez aussi, Athéniens, que vous vous êtes engagés par serment à prononcer, non d'après les lois de Thèbes ou de Lacédémone, ni d'après celles

que suivaient jadis nos ancêtres, mais d'après celles qui ont accordé des exemptions à ceux que Leptine veut maintenant en dépouiller. Quant aux objets sur lesquels les lois se taisent, vous avez juré de prononcer, comme cela doit être, selon les règles invariables de l'équité, règles qu'il faut appliquer à tout le contenu de la loi dont il est question.

99. Par exemple, est-il juste que l'Etat récompense ceux qui l'ont bien servi? oui. Est-il juste de laisser ce qu'une fois on a donné? oui. Agissez donc selon ces principes, si vous voulez être fidèles à votre serment, et ne souffrez pas qu'on vous dise que vos ancêtres n'agirent pas de même. Si, vous les donnant pour modèles, on avance qu'ils n'ont récompensé personne, quoiqu'ils eussent reçu de grands services, croyez qu'un tel propos décèle un caractère méchant ou grossier; méchant, si l'on taxe faussement nos ancêtres d'ingratitude; grossier, si l'on ignore que, les exemples qu'on cite, fussent-ils véritables, il convenait mieux de les taire que de les citer.

100. Leptine, je pense, ne manquera pas encore de dire que sa loi laisse les pensions et les statues à ceux qui en ont été gratifiés; qu'elle n'empêche pas la république de récompenser ceux qui en seront dignes; qu'elle la laisse libre d'ériger des statues, d'accorder des pensions dans le Prytanée, enfin tout ce qu'elle voudra, hormis les exemptions. Pour ce qui regarde la république, je réponds seulement, Athéniens, qu'en ôtant à quelqu'un ce que vous lui aurez donné, vous ôterez leur sûreté même aux récompenses que vous ne supprimerez pas. Car, pourquoi les statues ou les pensions dans le Prytanée seraient-elles plus sûres que les exemptions, si, une fois, on vous voyait ôter ce que vous auriez donné?

101. D'ailleurs, quand cet inconvénient serait imaginaire, je ne crois pas qu'on doive réduire l'E-

tat à l'alternative ou de récompenser les moindres
services cemme les plus importants, ou d'en laisser
quelques-uns sans récompense. Il n'est pas de
votre intérêt qu'on ait souvent occasion de vous
rendre d'importants services, et peut-être n'est-il
pas aisé de le faire. Par rapport à ceux qui sont
moins considérables, qu'on peut vous rendre en
temps de paix, dans l'intérieur de la ville, par son
zèle, son intégrité et son exactitude, il me semble
qu'il est de votre intérêt et de votre honneur de les
payer du prix qu'ils méritent. Il faut donc qu'il y ait
des degrés dans les récompenses, afin que chacun
obtienne du peuple ce que chacun paraît avoir mérité.

102. Mais quand Leptine dira qu'il ne dépouille
pas de toutes leurs récompenses ceux qui en ont
obtenu de vous, les uns peuvent lui faire cette ré-
ponse aussi simple que solide, que vous devez leur
laisser tout ce qu'ils ont reçu pour prix de leurs services ; les autres l'accuseront de vous en imposer,
en disant qu'il leur laisse quelque chose. Un étranger, en effet, ou même un citoyen, dont les services n'ont pu mériter que les exemptions, et qui a
obtenu du peuple cette récompense unique, quand
elle lui sera ôtée, je vous le demande, Leptine, que
lui restera-t-il ?

103. Parce que vous trouvez quelques sujets indignes des exemptions, ne dépouillez pas, d'une
partie de leurs récompenses, ceux qui en ont obtenu plusieurs ; et, sous prétexte de ne pas les ôter
toutes à ceux-ci, n'ôtez pas à d'autres qui n'en ont
reçu qu'une, la seule qu'ils possèdent. En un mot,
ce qu'il y de pis, n'est pas l'injustice plus ou moins
grande, que nous ferons à quelques particuliers,
mais le peu de sûreté qu'auront, par la suite, les
grâces, dont nous aurons payé les services ; et ce
ne sont pas les exemptions qui m'occupent, mais je
crains le mauvais exemple qui serait introduit par

la loi, et qui ferait regarder comme peu sûres toutes les faveurs qu'on tiendrait du peuple.

104. Il est une raison qu'ont imaginée nos adversaires, qu'ils jugent fort subtile, et très-propre à vous persuader d'abolir les exemptions; il est bon de vous en prévenir, afin que vous ne vous y laissiez pas surprendre. Ils diront que toutes ces charges de chorége, de gymnasiarque, d'estiateur, appartiennent à la religion; or, qu'il est absurde de vouloir qu'on soit exempt de fonctions sacrées. Pour moi, je soutiens qu'il est juste que ceux-là soient exempts, que le peuple a gratifiés des exemptions, et que ce sont nos adversaires qui agiront d'une manière absurde, s'ils allèguent la raison dont je parle.

105. En effet, si, n'ayant pas d'autre moyen de prouver qu'il soit juste de retirer un privilége, ils cherchent à réussir, sous prétexte de l'intérêt des dieux, n'est-ce pas en même temps une absurdité et une impiété? oui, du moins à ce qu'il me semble; car toute action faite au nom des dieux doit être telle que, faite par un homme, elle ne paraisse pas mauvaise. Mais, que les charges, dont plusieurs sont exempts, ne soient pas des fonctions sacrées, et que ce soit vouloir vous induire en erreur que de vous les présenter sous ce titre, j'en appelle au témoignage de Leptine lui-même.

106. Voici les premiers mots de sa loi: « Afin, dit-il, que les plus riches remplissent les charges publiques, personne ne sera exempt, excepté les descendants d'Harmodius et d'Aristogiton. » Or, s'il eût été convaincu que les charges dont plusieurs sont exempts sont des fonctions sacrées, pourquoi aurait-il ajouté une exception en faveur de ceux qui ne sont pas exempts des fonctions sacrées? Pour confirmer ce que j'avance, greffier, lisez d'abord l'inscription de la colonne, vous lirez ensuite le commencement de la loi de Leptine.

On lit l'inscription de la colonne.

107. Vous entendez, Athéniens, l'inscription de la colonne, qui excepte les fonctions sacrées dans les exemptions qu'on accorde aux descendants d'Harmodius et d'Aristogiton. Lisez maintenant le commencement de la loi de Leptine.

On lit.

Fort bien ; en voilà assez. Après avoir dit, « afin que les plus riches remplissent les charges publiques, personne ne sera exempt, » il ajoute, « excepté les descendants d'Harmodius et d'Aristogiton. » Pourquoi ajouter cette clause, si les charges publiques sont des fonctions sacrées ?

108. Prétendre qu'elles soient telles, n'est-ce pas contredire l'inscription de la colonne? Je vous le demande à vous-même, Leptine ; de quoi direz-vous que vous exemptez aujourd'hui, ou que nos pères aient exempté ceux que votre loi excepte, puisque vous dites que les charges publiques appartiennent à la religion? Suivant les lois anciennes, ils ne sont pas exempts des contributions pour la guerre, ni des armements de vaisseaux ; ils ne le sont pas non plus des charges publiques, si ces charges sont des fonctions sacrées.

109. Toutefois, il est marqué qu'ils seront exempts ; de quoi donc? Serait-ce de la taxe que payent les étrangers domiciliés, car c'est la seule chose qui reste? non, assurément. Ils sont exempts des charges que chacun remplit à son tour, comme l'annonce l'inscription de la colonne; comme vous-même, Leptine, l'avez déterminé dans votre loi ; comme le témoigne le long intervalle de temps qui s'est écoulé, pendant lequel nul de ceux que vous exceptez, ne fut nommé chorége, et nul autre citoyen nommé ne les attaqua en justice, pour qu'ils

fussent tenus de remplir la charge à sa place. Ne souffrez pas, Athéniens, qu'on vous dise le contraire.

110. On nous objectera peut-être encore, pour décrier les exemptions, qu'on a gratifié de ce privilége des Messéniens et des Mégariens, qui l'ont obtenu par troupes; de vils esclaves, un Lycidas, un Denys, et d'autres gens semblables. Je vais vous apprendre le moyen d'éviter la surprise. Quand on vous tiendra ces discours, exigez, pour preuve, que l'on vous montre les décrets où sont consignées ces exemptions. Car personne, chez vous, n'est exempt, que son exemption ne soit consignée dans une loi ou dans un décret.

111. Il est vrai que bien des gens de l'espèce de ceux qu'on nous cite, du nombre desquels est Lycidas, ont obtenu chez vous, par le crédit de vos magistrats, le titre d'hôtes publics. Mais il ne faut pas confondre ce titre avec les exemptions; prenez garde de vous y laisser surprendre; et parce qu'un Lycidas, esclave, un Denys, et quelque autre peut-être, ont obtenu sans peine le titre d'hôtes publics, grâce à des mercenaires qui le prodiguent pour de l'argent, qu'on ne s'efforce pas de faire révoquer les justes faveurs qu'ont reçues de vous des hommes libres, pour prix des importants services qu'ils vous ont rendus.

112. Eh! Chabrias ne serait-il pas bien à plaindre, si ces orateurs perfides, non contents d'avoir fait de Lycidas, son esclave, un des hôtes de votre ville, voulaient encore, à cause de l'esclave, enlever au maître une partie de ce qui lui a été accordé; et cela, sur un exposé faux? En effet, ni Lycidas ni aucun hôte public ne jouissent des exemptions, si le peuple ne les a accordées expressément : or il ne les a pas accordées à ceux qu'on citera; on ne peut le prouver, et ce serait manquer de pudeur que de le soutenir.

113. Mais je reviens sur une réflexion, à mon avis, la plus importante de toutes. Quand on passerait à Leptine tout ce qu'il dira pour établir la bonté de sa loi, rien, quoi qu'il arrive, n'effacera jamais la honte qui résultera pour Athènes de la confirmation de cette loi. Et quelle est cette honte? Nous passerons pour avoir trompé ceux qui nous ont rendu des services. C'est en soi-même une chose honteuse, tout le monde en conviendra ; mais voyez combien elle le serait pour vous, plus que pour d'autres.

114. Parmi vos lois les plus estimées, il en est une fort ancienne, qui ordonne de citer en justice et de punir de mort, s'il est convaincu, tout citoyen qui trompera le peuple, avec lequel il aura pris des engagements. Et vous ne rougirez pas qu'on vous voie faire à vous-même ce que vous punissez de mort dans autrui! Toutefois, on doit éviter, en général, ce qui est honteux et reconnu pour tel, mais surtout ce que l'on a condamné authentiquement dans les autres, puisqu'il n'y a pas à mettre en doute si l'on s'abstiendra de ce que soi-même on a déjà jugé mauvais.

115. Vous devez aussi prendre garde de vous permettre, comme hommes publics, des actions que vous ne voudriez pas faire comme particuliers. Il n'est aucun de vous qui, en son propre nom, voulût ravir à un autre ce que lui-même lui aurait donné : ne le faites donc pas au nom de la ville. Enjoignez aux défenseurs de la loi, s'ils prétendent que quelqu'un de ceux qui ont obtenu les exemptions n'en est pas digne, ou parce qu'il n'a pas rendu les services pour lesquels il les a obtenues, ou parce qu'ils ont contre lui quelque autre sujet de plainte ; enjoignez-leur de l'accuser en vertu de la loi que nous mettons à la place de celle de Leptine, et qui sera portée, ou par nous, qui le pro-

mettons, qui nous y engageons, ou par eux-mêmes,
dès qu'il y aura des nomothètes de nommés.

116. Chacun d'eux, sans doute, a quelque en-
nemi dans Athènes, Diophante, Eubulus ou quelque autre. S'ils craignent d'intenter une accusation,
conviendrait-il que, des priviléges, dont les partisans
de la loi craindraient de dépouiller leurs ennemis par
des voies juridiques, on vous les vît ôter à ceux qui
vous ont servis avec zèle? Conviendrait-il que vos
bienfaiteurs fussent tous ensemble, en vertu d'une
loi, dépouillés par vous-mêmes des grâces qu'ils ont
reçues de vous ; lorsque les défenseurs de cette loi
peuvent, s'ils trouvent un ou deux particuliers, ou
même davantage, qui soient indignes de vos grâces,
les leur faire ôter, en les citant, chacun à part, devant les tribunaux? Pour moi, je pense que ce
qu'ils demandent de vous ne serait ni juste, ni
digne de la république, ce qui est le point essen-
tiel.

117. N'oubliez pas non plus cette raison, que
vous avez dû examiner si les personnes méritaient
vos faveurs, lorsque vous les leur avez données
sans qu'aucun de nos adversaires s'y opposât ; mais
qu'à présent vous ne devez pas révoquer ces mêmes
faveurs, à moins que ceux que vous en avez gratifiés, ne vous aient causé depuis quelque dommage.
Si on leur en fait le reproche, bien qu'on ne pourra
le prouver, il fallait qu'on les fît punir sur-le-champ.
Si, sans avoir rien à leur reprocher, vous confirmez
la loi, vous paraîtrez avoir aboli les exemptions,
moins par haine du crime que par un sentiment
d'envie.

118. Mais s'il faut éviter tout vice bas et honteux, quel qu'il puisse être, on doit s'interdire ce-
lui-ci plus que tout autre. Pourquoi? c'est que l'envie est la marque certaine d'un mauvais cœur, et
que l'envieux ne peut rien alléguer qui l'excuse.
Ajoutons qu'il n'est pas de vice dont soit plus éloi-

gnée notre ville, qui, en général abhorre tout ce
qui sent la bassesse.

119. En voici des preuves convaincantes. Vous
êtes les seuls de tous les Grecs qui honoriez, d'une
sépulture publique, les citoyens morts à la guerre ;
les seuls qui célébriez leurs exploits et leur bravoure
dans des éloges funèbres : usage vraiment digne
d'un peuple rempli d'estime pour le mérite, incapable de lui envier ses récompenses.

120. De plus, vous comblâtes toujours de distinctions les vainqueurs dans les combats gymni-
ques ; et parce qu'il est très-peu d'hommes qui
puissent obtenir ces distinctions, vous n'y portez
pas envie, vous n'y retranchez rien. Notre ville,
en un mot, ne se laissa jamais surpasser en bienfaits ; et les témoignages de sa reconnaissance furent
toujours au-dessus des services : ce qui annonce de
l'équité, de la vertu, de la générosité.

121. N'enlevez donc pas aujourd'hui à notre ville
une gloire qui l'a distinguée dans tous les siècles ;
et pour vous prêter au ressentiment de Leptine,
qui voudrait dépouiller d'une faveur quelques ennemis particuliers, n'allez pas vous ôter à vous-mêmes
la réputation d'honneur dont vous avez joui dans
tous les temps. Croyez qu'il ne s'agit de rien moins
ici que de la dignité d'Athènes; que vous allez décider
si cette dignité subsistera et sera conservée pure,
ou si nous la verrons altérée et entièrement perdue.

122. Plusieurs choses me surprennent dans la loi
de Leptine ; mais il en est une surtout qui m'étonne.
A-t-il ignoré que, si celui qui établit des peines sé-
vères contre les crimes, paraît lui-même éloigné d'en
commettre, celui-là aussi qui veut abolir les récompenses des services, se montre lui-même peu dis-
posé à servir sa patrie? S'il l'a ignoré, comme cela
pourrait être, il le fera voir bientôt en vous laissant
abolir une loi sur la nature de laquelle il se sera trompé. Si, persistant à la défendre, il s'efforce de la faire

admettre, je n'attaquerai pas son motif, mais je ne pourrai louer sa conduite.

123. Ainsi, Leptine, ne mettez pas tant de chaleur pour obtenir un succès qui ne tournerait ni à votre gloire, ni à l'honneur de ceux que vous auriez persuadés, surtout puisque vous ne courez plus aucun risque. Car sachez, Athéniens, que, quand l'auteur de la loi en était encore responsable, il fut accusé par Bathippe, père d'Aphepsion. Bathippe étant mort, le temps du jugement est passé, et conséquemment il n'est plus question aujourd'hui que de la loi ; son auteur est à l'abri de toute recherche.

124. J'apprends, Leptine, que, vous prévalant de cet avantage, vous dites que, de trois accusateurs qui ont précédé Ctésippe, aucun n'a persisté dans ses poursuites. Si par là vous prétendez les blâmer de ce qu'ils ne vous ont pas exposé aux risques d'une condamnation, de tels risques ont donc pour vous bien des charmes? Si vous en faites une preuve de la justice de vos demandes, vous raisonnez bien mal. Votre loi en vaudra-t-elle donc mieux, parce qu'un de vos accusateurs est mort avant le jugement, que vous en avez engagé un autre à se désister, ou qu'un autre a usé de collusion? Il n'est pas même honnête de recourir à de telles défenses.

125. On a choisi pour avocats[1] de la loi des hommes fort éloquents, sans doute ; Léodamas, Aristophon, Céphisodote et Dinias. Écoutez, Athéniens, ce que vous pourriez dire à chacun d'eux, et voyez si mes réflexions sont justes.

1. En grec, *pour syndics*. Il y avait deux sortes de syndics, des syndics particuliers et des syndics publics. Les premiers étaient des citoyens nommés par un corps ou une compagnie, pour soutenir et défendre ses intérêts ; les seconds étaient nommés par le peuple, pour soutenir et défendre les intérêts de l'État dans tous les cas qui se présentaient, soit en plaidant pour une loi dont on demandait l'abrogation, soit autrement

126. Et d'abord, Léodamas a déjà attaqué juridiquement les récompenses que Chabrias avait obtenues, et dont les exemptions faisaient partie; il a comparu devant vous et a perdu sa cause. Or les lois ne permettent pas au même homme de porter deux fois la même affaire, de quelque nature qu'elle soit, devant les mêmes tribunaux. Ajoutez qu'il serait contre toute raison que, les services de Chabrias ayant alors prévalu dans vos esprits sur les discours de Léodamas, maintenant qu'aux services de ce grand homme se joignent ceux de beaucoup d'autres, tous ensemble fissent moins d'impression sur vous que les discours de ce même Léodamas.

127. Pour ce qui est d'Aristophon, je crois aussi n'avoir rien que de raisonnable à lui dire. Il a obtenu de vous des faveurs dans lesquelles sont comprises les exemptions (et je ne le trouve pas mauvais; car il faut que vous soyez maîtres d'accorder vos grâces à qui vous voulez); mais je dis que lui-même, n'ayant pas trouvé injuste auparavant qu'on lui accordât un privilége, ne doit pas être fâché à présent qu'on l'accorde à d'autres, ni vous engager à les en dépouiller.

128. C'est lui, d'ailleurs, qui a proposé de rendre à Gélarque cinq talents qu'il avait prêtés, disait-il, à ceux du peuple qui s'étaient réfugiés au Pirée : et il avait raison de le proposer. Mais, Aristophon, vous qui avez fait rendre ce qui avait été donné sans témoins, parce qu'on disait l'avoir donné au peuple, ne nous exhortez pas à supprimer les grâces accordées par le peuple lui-même, grâces dont tout le monde est instruit, qu'attestent des inscriptions placées dans des temples; et après nous avoir conseillé de rendre ce qui était dû par le peuple, ne nous conseillez pas de retirer à quelqu'un ce qu'il a reçu du peuple.

129. Quant à Céphisodote, voici seulement ce que je dis. Il ne cède en éloquence à aucun orateur; mais

il serait bien plus beau d'employer ce talent à pour-
suivre ceux qui vous causent des torts, qu'à faire
tort à ceux qui vous rendent des services. Ce sont,
en effet, les méchants qui nuisent à l'Etat qu'il faut
attaquer, selon moi, et non les bons qui le servent.

130. Venons à Dinias. Il parlera peut-être des
galères qu'il a équipées, et des charges publiques
qu'il a remplies. Pour moi, si Dinias a bien servi la
république, comme j'en suis persuadé, je l'exhorte-
rais plutôt à demander pour lui des récompenses que
de vous conseiller de retirer à d'autres celles que
vous leur avez accordées. Oui, il est beaucoup plus
honnête de demander soi-même des grâces pour les
services qu'on a rendus, que d'envier à d'autres celles
que des services leur ont fait obtenir.

131. Mais ce qu'il y a de plus fort, et ce qui les
regarde tous, chacun d'eux a déjà été nommé plusieurs fois à la fonction qu'il remplit aujourd'hui :
or, en vertu d'une loi très-sage qui a été portée, non
pour des hommes tels que ceux dont je parle, mais
pour empêcher certaines gens de faire servir cette
fonction à la cupidité ou à l'imposture, on ne peut
être nommé plus d'une fois, par le peuple, avocat
d'une loi.

132. Mais des hommes qui ont entrepris de défendre la loi de Leptine, et de prouver qu'elle est
utile, doivent se montrer eux-mêmes fidèles aux lois
reçues. Sinon, il serait ridicule à eux de parler pour
la défense d'une loi, tandis qu'ils en violeraient une
autre. Greffier, prenez la loi dont je parle, et faites-
en lecture.

On lit la loi.

Cette loi, Athéniens, est ancienne, elle est fort
sage ; et si nos adversaires sont raisonnables, ils crain-
dront de l'enfreindre.

133. Je n'ai plus qu'un mot à vous dire, et je finis.
Vous devez travailler à rendre vos lois aussi parfaites

qu'il est possible, mais surtout celles d'où dépend l'agrandissement ou la décadence de votre république. Et quelles sont ces lois? celles qui fixent les peines et les récompenses. Car si tous les citoyens sont détournés de nuire à la patrie par la crainte des peines que les lois infligent au crime, et s'ils sont tous excités à la servir par le désir des récompenses qu'elles promettent à la vertu, qu'est-ce qui empêchera qu'Athènes ne soit très-florissante, que tous les citoyens ne soient vertueux, et qu'il n'y ait plus de méchants?

134. La loi de Leptine, ô Athéniens, vous fait tort non-seulement parce qu'en abolissant le prix des services rendus à l'État, elle prive de tout avantage le zèle patriotique, mais encore parce qu'elle vous fait la honteuse réputation d'être sans respect pour les lois. Vous savez, sans doute, que ceux mêmes qui se sont rendus coupables envers vous des plus grands crimes, n'encourent qu'une seule peine, en vertu de la loi qui dit expressément qu'on ne pourra infliger plus d'une peine dans un tribunal, et qui, permettant aux juges de choisir entre la peine pécuniaire et la peine afflictive, leur défend d'infliger en même temps l'une et l'autre.

135. Leptine ne s'est pas renfermé dans de telles bornes : « Celui, dit-il, qui demandera la récompense de ses services, sera diffamé et ses biens confisqués. » Voilà deux peines. « On pourra, ajoute-t-il, le dénoncer et le conduire en prison; et, s'il est convaincu, il encourra la peine établie contre ceux qui exercent une magistrature quoique débiteurs envers le trésor. » Il veut ici parler de la mort; car c'est la punition de ce délit. Voilà donc trois peines. Mais n'est-il pas triste, n'est-il pas affreux qu'on soit puni chez vous avec plus de rigueur, pour demander la récompense de ses services que pour avoir commis les délits les plus graves?

136. La loi que j'attaque est donc honteuse, mau-

vaise, et semble partir d'un principe d'envie et de jalousie ; je ne dis rien de plus. On croirait que son auteur n'était pas tout à fait exempt de ces passions. Il ne vous conviendrait pas de l'imiter, ni de montrer des sentiments peu dignes de vous. Je vous le demande, Athéniens; qu'est-ce que nous abhorrons le plus? qu'est-ce que toutes les lois ont principalement cherché à prévenir? ce sont les meurtres. Nous avons dans l'aréopage un tribunal auguste, établi particulièrement pour en faire la recherche.

137. Dracon, qui, dans ses lois sur le meurtre, voulant inspirer pour l'homicide la plus vive horreur, ordonne que le meurtrier sera exclu des temples, des purifications, des libations, des repas communs, de la place publique, qui enfin énonce tout ce qu'il croit le plus capable de détourner d'un pareil attentat; Dracon, dis-je, bien éloigné de confondre le crime avec l'innocence, a déterminé les cas où il serait permis de tuer un homme, et il a déclaré innocent quiconque l'aurait tué dans ces mêmes cas. Il sera donc quelquefois permis par vos lois, de tuer un homme; et il ne sera jamais permis, par la loi de Leptine, de demander la récompense de ses services ! ●

138. Qu'il ne soit pas dit, ô Athéniens, que vous ayez apporté plus d'attention et plus d'empressement à empêcher ceux qui vous ont bien servis, de recevoir leur récompense, qu'à prévenir les meurtres dans votre ville. Rappelez-vous les conjonctures où vous témoignâtes votre reconnaissance par le privilége des exemptions; rappelez-vous la colonne de Diophante, dont Phormion vous a parlé, sur laquelle est gravé le serment que vous fîtes, d'accorder à quiconque mourrait pour la démocratie, les mêmes récompenses qu'à Harmodius et à Aristogiton; rappelez-vous cette colonne, et rejetez une loi que vous ne pouvez établir sans vous rendre coupables de parjure.

139. Ajoutez encore cette réflexion à toutes les autres : il n'est pas possible qu'une loi soit bonne, si elle ne statue de la même manière pour le passé et pour l'avenir. « Personne, dit la loi de Leptine, ne sera exempt, excepté les descendants d'Harmodius et d'Aristogiton.» Fort bien.« Par suite, ajoute-t-elle, on ne pourra accorder des exemptions. » Quoi, Leptine, pas même s'il se trouvait des citoyens dans le cas de ceux que vous exceptez ! Si vous approuvez ce qui a été fait pour des services déjà rendus, pourquoi ne pas songer à ceux qu'on peut rendre ? Nous sommes bien éloignés, dira-t-on, de nous retrouver dans de pareilles conjonctures.

140. Eh ! puissent-elles ne jamais revenir ! mais étant hommes, nous devons prendre garde de témoigner par nos discours et par nos lois une sécurité qui attire sur nous le courroux du ciel. Espérons un sort prospère, et demandons-le aux dieux ; mais attendons-nous à tous les événements. Les Lacédémoniens ne s'attendaient pas à se voir dans l'état où ils sont réduits. Les Syracusains, qui d'abord étaient libres, qui levaient des tributs sur les Carthaginois, qui dominaient sur tous leurs voisins, qui nous avaient vaincus sur mer, ne s'attendaient probablement pas à être dominés par un seul homme[1], qui, dans l'origine, n'était, à ce qu'on dit, qu'un greffier subalterne.

141. Le Denys qui vit encore, se fût-il jamais attendu à ce que Dion[2], avec quelques soldats et une simple nacelle, le chassât du trône, lui qui

1. Le premier Denys, qui, d'une condition obscure, s'éleva, par son mérite, aux premiers honneurs, mais qui abusa de la confiance de sa patrie pour la tyranniser.

2. Dion de Syracuse, un des plus illustres disciples de Platon, homme d'une vertu rare, et d'une fermeté singulière, délivra sa patrie du joug de Denys le jeune, fils du premier Denys.

avait tant de vaisseaux, de places, et de troupes étrangères? Mais, sans doute, l'avenir est inconnu à tous les hommes, et les plus petites causes opèrent souvent les plus grandes révolutions. Il faut donc se modérer dans la prospérité, et prévoir ce qui peut arriver de fâcheux.

142. Je pourrais encore fournir bien des raisons de nature à vous convaincre que la loi de Leptine est aussi vicieuse qu'elle serait préjudiciable : pour vous décider en peu de mots, et terminer enfin ce discours, examinez et comparez ce qui arrivera, si vous rejetez la loi ou si vous la confirmez. N'oubliez pas ce qui aura résulté de cet examen et de cette comparaison afin de prendre le meilleur parti.

143. Si donc vous rejetez la loi, comme je vous le conseille, vous laisserez leur privilége à ceux qui en sont dignes; quiconque en est indigne, en sera dépouillé, et de plus sera puni, si vous le jugez convenable, en vertu de la loi que je propose; enfin, on ne verra la ville d'Athènes manquer, ni à la justice, ni à l'honneur, ni à ses engagements. Si vous la décrétez, ce qu'aux dieux ne plaise! les bons seront punis pour les méchants; ceux-ci, qui seront la cause du malheur des autres, ne subiront eux-mêmes aucune peine; et notre ville, déshonorée dans l'esprit de tous les peuples, sera regardée comme perfide, envieuse et injuste.

144. Ne substituez pas, ô Athéniens, une telle ignominie à l'idée avantageuse qu'on s'est formée de cette république, et pensez que chacun de vous participera à la gloire ou à la honte de ce qui aura été décidé en commun. Qui de nos citoyens, présents ou absents, ignore qu'en apparence et selon la forme, c'est Leptine qui plaide contre nous; mais qu'en effet et dans l'esprit de chacun des juges, c'est la générosité qui plaide contre l'envie, l'équité contre l'injustice, les vertus les plus nobles contre les vices les plus bas?

514. Si donc, écoutant les motifs les plus dignes vous votez d'après cette inspiration, vous prendrez une décision convenable en même temps, et la plus honorable pour Athènes; et ainsi vous ne manquerez pas, dans l'occasion, de citoyens prêts à s'exposer pour la patrie. Toutes ces considérations, ô Athéniens, méritent de votre part une attention sérieuse; et vous devez prendre garde qu'on ne vous fasse commettre une faute malgré vous.

146. Souvent, en effet, vous vous êtes portés à certaines démarches, non parce qu'on vous avait convaincus qu'elles étaient justes, mais parce que vous étiez comme forcés par les cris, l'importunité, l'effronterie des orateurs. Evitez, tout vous y engage, de tomber aujourd'hui dans le même inconvénient; recueillez les raisons dont vous avez reconnu la solidité, et conservez-les en votre mémoire jusqu'à ce que vous alliez aux suffrages, afin que vous prononciez d'après votre serment, contre des hommes qui vous donnent des conseils nuisibles. Je suis étonné que vous, qui punissez de mort ceux qui altèrent la monnaie, vous laissiez parler ceux qui altèrent l'esprit et le caractère de toute la ville. Vous ne le devez pas; j'en atteste Jupiter et tous les dieux. Vous comprenez, je pense, tout ce que j'ai dit, et il n'est pas besoin que j'en dise davantage.